초보 판**
빅파워셀러로 거듭나는

네이버
스마트스토어
마케팅 시작
하기

지은이 정진수

대한민국 대표 SNS 일타 강사로 SNS 분야에서는 독보적인 영향력을 쌓았다. SNS 분야 도서 열 권을 집필했고 모두 베스트셀러 반열에 올랐다. 인스타그램 도서를 대한민국에서 최초로 집필했으며, SNS 분야 트렌드 도서 역시 대한민국에서 첫 번째로 집필했다. 온라인 마케팅에 관해서 이론으로만 말하지 않는다. 교육업부터 공간대관, 외식업까지 세 개의 사업을 통해 직접 만든 사례로 강의하고 도서를 집필한다. 모든 SNS를 직접 운영하며 50만 명 이상의 팔로우를 보유하고 있다. 저서로는 《네이버 블로그&포스트 만들기》(한빛미디어), 《인스타그램 마케팅 잘하는 사람은 이렇게 합니다》(나비의활주로), 《고수의 스마트폰엔 특별한 앱이 있다》(나비의활주로, 공저), 《똑똑한 유튜버는 스마트폰으로 합니다》(나비의활주로, 공저), 《크리에이터의 시대, 2019 SNS 트렌드를 읽다》(천그루숲), 《결과로 말하는 고수들의 실전 SNS》(나비의활주로, 공저), 《인스타그램으로 SNS마케팅을 선점하라》(나비의활주로), 《실전 인스타그램 마케팅》(나비의활주로, 대만 수출), 《SNS 마케팅 한 방에 따라잡기》(비즈니스맵)가 있다.

이메일 korbomb@naver.com
홈페이지 https://www.gamsung.biz
블로그 https://blog.naver.com/korbomb
인스타그램 https://www.instagram.com/jinsu_jung

초보 판매자가 빅파워셀러로 거듭나는 **네이버 스마트스토어 마케팅 시작하기**

초판 1쇄 발행 2021년 06월 28일
초판 2쇄 발행 2022년 04월 29일

지은이 정진수 / **펴낸이** 김태헌
펴낸곳 한빛미디어(주) / **주소** 서울시 서대문구 연희로2길 62 한빛미디어(주) IT출판부
전화 02-325-5544 / **팩스** 02-336-7124
등록 1999년 6월 24일 제25100-2017-000058호 / **ISBN** 979-11-6224-453-1 13000

총괄 전정아 / **책임편집** 배윤미 / **기획** 박은경 / **교정** 박성숙 / **진행** 박동민
디자인 표지 윤혜원, 내지 이아란 / **전산편집** 김보경
영업 김형진, 김진불, 조유미 / **마케팅** 박상용, 송경석, 한종진, 이행은, 고광일, 성화정 / **제작** 박성우, 김정우

이 책에 대한 의견이나 오탈자 및 잘못된 내용에 대한 수정 정보는 한빛미디어(주)의 홈페이지나 아래 이메일로 알려주십시오.
잘못된 책은 구입하신 서점에서 교환해 드립니다. 책값은 뒤표지에 표시되어 있습니다.
한빛미디어 홈페이지 www.hanbit.co.kr / **이메일** ask@hanbit.co.kr

지금 하지 않으면 할 수 없는 일이 있습니다.
책으로 펴내고 싶은 아이디어나 원고를 이메일(writer@hanbit.co.kr)로 보내주세요.
한빛미디어(주)는 여러분의 소중한 경험과 지식을 기다리고 있습니다.

초보 판매자가
빅파워셀러로 거듭나는

네이버 스마트스토어 마케팅 시작하기

정진수 지음

HB 한빛미디어
Hanbit Media, Inc.

이제 누구나 스마트스토어로
편하게 장사하자!

10여 년 전 하찌와 TJ의 '장사하자'라는 노래가 퇴직을 준비하는 사람들, 장사로 돈을 좀 벌고 싶은 사람들의 귀를 간질였습니다. 흥겨운 노랫가락이 스트레스에 시달리는 직장인들에게 사직서를 던지고 장사나 한번 해볼까 하는 작은 파문을 일으켰죠. 그러나 현실과 이상은 달라 다시 지하철에 몸을 담고 연말정산에 목을 매며 쳇바퀴 같은 일상을 삽니다. 대한민국의 10대는 입시에 허덕이고, 20대는 취업에 허덕이고, 30대는 대출에 허덕입니다. 40, 50대는 아이들의 학원비 대기도 벅찹니다. 그런데 혹시 여러분이 지금 손에 쥐고 있는 스마트폰으로 이런 악순환의 고리를 끊을 수 있다는 것을 아시나요?

안 그래도 힘든데 코로나19로 더욱 힘들어진 때에 스마트폰이 새로운 희망과 대안을 제시합니다. 스마트폰으로 쇼핑을 해본 사람들이 그 익숙함을 바탕으로 나도 여기서 한번 팔아봐야지 하고 의욕을 보입니다. 이제는 시대가 바뀌었습니다. 그것도 한참 전에 말이지요. 그 사실을 겨우 눈치챘는데 그새 또 다른 변화가 밀려옵니다. 이 책을 쓰고 있는 지금 이 순간에도 변화의 속도는 5G를 앞질렀습니다. 돈 버는 방식이 바뀌었는데 예전 방식을 고집한다는 건, 철기 시대에 구석기 시대의 방식을 고집하는 네안데르탈인이나 마찬가지입니다. 그래도 다행인 건 스마트폰만 찬찬히 살펴보면 돈을 벌 수 있는 방법이 수두룩하다는 것입니다.

대한민국은 스마트폰 초강대국입니다. 생각해보세요. 당신이 어젯밤 잠들기 전 침대에서 마지막으로 한 행동은 무엇인가요? 오늘 아침 눈을 뜨자마자 한 행동은 무엇인가요? 아마 대부분이 스마트폰과 함께 하루를 시작하고 스마트폰으로 하루를 끝내고 있을 것입니다. 음식점 하나를 차리더라도 스마트폰에는 레시피부터 마케팅 방법, 세무 처리 등 각종 유익한 정보로 가득 차 있습니다. 온라인에서 배워 돈을 벌 수 있는 기회가 넘쳐나는 시대인 거죠. 상식의 틀을 깬 온라인 시장으로 인해 권리금, A급 상권 등의 경계도 무너지기 시작했습니다.

이런 때에 대한민국의 온라인을 선도하고 지배한 네이버의 탄탄한 시스템을 바탕으로 스마트스토어가 등장합니다. 요즘 MZ세대(밀레니얼+Z세대)는 가성비를 따집니다. 사업도 가성비가 중요합니다. 작은 투자로 큰 효용을 얻을 수 있어야 하므로 스마트스토어가 확실한 대안이 됩니다. 실패확률과 자금 부담이 높은 옛날 방식의 장사 스타일은 벗어 던지고 스마트폰 시대답게 가성비 높은 스마트스토어에서 장사를 시작해야 합니다. 편리함을 추구하는 라이프 스타일은 앞으로도 계속될 것이고, 그 라이프 스타일을 위한 최적의 쇼핑몰이 스마트스토어입니다.

무엇이든 잘 아는 곳에서 시작해야 성공도 빠릅니다. 남녀노소를 막론하고 네이버만큼 친숙한 곳이 있을까요? 판은 네이버가 다 깔아놓았으니 여러분은 그저 참신한 상품을 개발해 업로드만 하면 됩니다. 사실 상품 개발이나 사입도 필요 없습니다. 이미 시중에서 판매되는 물건들 중 신중하게 선택해 업로드만 잘해서 팔면 됩니다. 스마트스토어를 시작하는 데 필요한 건 PC와 스마트폰, 그리고 여기서 승부하겠다는 절박함이 전부입니다.

문제는 스마트스토어를 시작하려는 사람은 많지만 제대로 준비하고 덤비는 사람이 많지 않다는 사실입니다. 스마트스토어를 준비하는 제 지인은 책 일곱 권을 사다놓고 나름 정성을 다해 준비했지만 어디서부터 시작해야 할지, 어떻게 해야 대박 쇼핑몰을 만들 수 있을지 감이 잡히지 않는다고 했습니다. 한 후배는 스마트스토어를 오픈했지만 막상 자기 제품을 고객에게 노출시키는 방법을 몰라서 헤매고 있었습니다. 저는 그들에게 조금이나마 힘이 되어주고 싶었습니다. 스마트스토어를 어려워하는 주변 지인들이 쉽게 스마트스토어에 상품을 등록해 돈을 벌 수 있도록 도와주고 싶었습니다. 그 소박한 마음이 이 책을 쓰게 한 첫 단추였습니다. 저 역시 아직도 스마트스토어를 공부하고 있습니다. 다만 시작이 막막한 분들에게 격려와 희망, 그리고 제가 가진 작은 노하우들을 아낌없이 공유하고 싶었습니다.

남을 따라 하는 것보다 자기만의 방식을 개발해서 시작하는 게 좋습니다. 누구나 한다니 나도 해봐야지 하고 시작하면 안 됩니다. 자기만의 독특한 콘셉트와 전략을 갈고 닦아 입점해야 합니다. 치킨이 돈이 되니 나도 치킨집을 차리겠다는 마음은 버려야 합니다. 자신이 좋아하고 잘하는 걸 찾아서 그 종목으로 승부를 걸어야 합니다.

이 책은 공부가 아니라 실천하는 책입니다. 무엇 하나라도 실천하게 만드는 책입니다. 스마트스토어를 모르는 사람도 가볍게 실천을 유도하고, 스마트스토어를 잘 아는 사람은 조금 더 디테일한 전략을 준비할 수 있게 만드는 책입니다. 서점에 스마트스토어 관련 책들이 참 많지만 안개 속에서 더듬거리듯이 구체적인 실천 가이드가 없다는 생각이 들었습니다. 이 책은 그러한 막막함을 느끼지 않도록 실전에서 바로 써먹을 수 있는 유효적절한 정보를 제공합니다. 네이버와 네이버 쇼핑, 스마트스토어를 아는 것으로 그치는 것이 아니라 어떻게 마케팅 전략에 써먹을지를 보여줍니다.

저는 독자들이 시간 낭비, 돈 낭비하지 않도록 이 책 한 권에 스마트스토어 마케팅 실천 전략에 관한 모든 지침을 담고자 했습니다. 여기저기 방황하지 않도록 스마트스토어의 지름길로 안내하고 싶었습니다. 이 책은 이리저리 꼬아서 유식한 척만 하지 않습니다. 당장 써먹고 실행에 옮길 수 있는 정보를 주는 책입니다. 자신만의 독특한 레시피를 가지고 있다면 그걸 상품화해서 당장 스마트스토어에서 매출을 올릴 수 있습니다. 어렵지도 않고 두려울 일도 없습니다. 이 책에서 이야기하는 마케팅 전략을 속속들이 흡수하다 보면 눈앞에 신세계가 펼쳐질 것입니다.

책 서문을 정리하다 보니 감사드릴 얼굴들이 떠오릅니다. 특히 이 책을 쓰면서 가장 많은 자문을 구했던 엔게티 대표님에게 특별한 감사의 말씀을 드리고 싶습니다. 또한 지금의 제가 있기까지 응원해주신 모든 분에게 진심으로, 마음 깊숙이 감사의 인사를 드립니다.

2021년 6월
대한민국 SNS 마케팅 국가대표, 정진수

02 상품 노출을 위한 네이버 검색 엔진 최적화(SEO) 가이드

인공지능이 학습하는 네이버 쇼핑의 검색 모델

검색 알고리즘, 검색 엔진 최적화 개념을 이해해야 하는 이유와 에이아이템즈의 원리,
쇼핑 트렌드를 잘 파악하고 있어야 하는 이유까지 살펴보았습니다. 다음으로 살펴볼 것
은 인공지능이 학습하는 네이버 쇼핑의 검색 모델 요소입니다. 자세히 설명하기에 앞서
다음 도표를 확인해보겠습니다.

네이버 쇼핑의 검색 모델 요소 반영 알고리즘

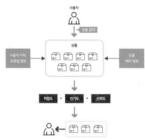

▲ 네이버 쇼핑의 검색 모델 요소 반영 알고리즘

052 · PART 02 · 스마트스토어 성공 전략을 기본을 알아야는 것

이해가 쏙쏙 되는 내용 설명

네이버 쇼핑 알고리즘부터 아이템 선택 전
략, 키워드와 카테고리 전략 등의 상위 노
출 전략, 판매 촉진 노하우, 고객 관리 비법,
SNS 연동 온라인 마케팅까지 상세한 도표
와 실전 사례를 통해 핵심만 쏙쏙 뽑아 쉽게
알려줍니다.

🔊 핵심 콕콕 TIP | **어뷰징 콘텐츠**

콘텐츠의 품질과 상관없이 의도적으로 검색에 노출되게 하거나 클릭수를 늘리기 위해 작성하
는 콘텐츠를 말합니다.

마찬가지로 네이버 쇼핑의 검색 모델도 네이버 쇼핑을 이용하는 사용자의 편의를 위해
만들었습니다. 네이버 쇼핑은 11억 개에 달하는 상품과 가격 비교 정보를 제공하고 있
습니다. 게다가 매일 대량의 신규 상품이 끝도 없이 추가되고 있죠. 이렇게 많은 상품 속
에서 사용자가 원하는 상품을 딱 찾아내는 건 쉽지 않은 일입니다. 이때 사용자가 찾고
자 하는 상품에 최대한 가까운 결과를 보여주려고 하는 것이 검색 모델의 역할입니다.

L2R(Learning to Rank)

▲ 네이버 쇼핑 검색 모델의 기본 구성 요소

간단하게 설명하자면 네이버 쇼핑의 검색 모델은 적합도, 인기도, 신뢰도, 이렇게 세 가
지로 구성됩니다. 적합도는 사용자가 입력한 검색어에 따라 상품명, 브랜드, 카테고리
등과 같은 상품 정보와의 연관성을 판단합니다. 인기도는 클릭수나 판매지수, 리뷰와
같은 요소를 판단하고, 신뢰도는 네이버 쇼핑 상품 가이드라인 준수 여부 등을 판단합
니다. 이 세 가지를 판단해 사용자가 찾는 상품을 적절한 검색 결과로 보여줍니다.

048 · PART 01 · 네이버 쇼핑과 스마트스토어 생태계 분석

어려운 부분을 콕콕 짚어주는 TIP

생소한 용어나 스마트스토어 가이드라인,
오류 해결 등 추가 설명이 필요한 부분을
보충해주어 어려운 내용도 막히지 않고
학습할 수 있도록 도와줍니다.

대한민국 마케팅 최강자의 실전 노하우

온라인 마케팅 실전 경험을 바탕으로 더 알아야 하는 내용이나 궁금할 만한 사항을 추가로 알려줍니다. 이 책의 독자에게만 알려주는 다양한 노하우를 챙겨보세요!

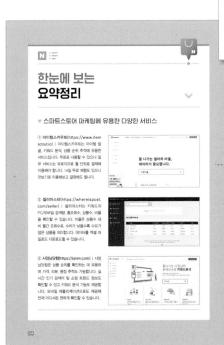

한눈에 보는 요약정리

스마트스토어 마케팅에 유용한 다양한 서비스 등 초보 판매자에게 도움이 될 만한 내용을 핵심만 모아 다시 한번 되짚어봅니다.

PART 01 네이버 쇼핑과 스마트스토어 생태계 분석

⊘ CHAPTER 01   지금은 스마트스토어 시대

⊘ CHAPTER 02   스마트스토어 진입이 더 쉬워지는 이유

PART 02 | 스마트스토어 성공 전략은 기본을 잘하는 것

⊘ CHAPTER 01   스마트스토어 창업 전 준비 운동

⊘ CHAPTER 02   스마트스토어의 시작, 네이버 쇼핑 알고리즘

⊘ CHAPTER 03　　스마트스토어의 핵심, 아이템 선택 전략

PART 03　스마트스토어를 상위 노출하는 최고의 방법

⊘ CHAPTER 01　　고객이 몰리는 상품 상위 노출 전략

⊘ CHAPTER 02　　매출이 급증하는 다양한 판매 촉진 전략

PART 04   온라인 마케팅 최강자가 알려주는 스마트스토어 마케팅

네이버 쇼핑과 스마트스토어 생태계 분석

네이버의 회원수는 4,200만 명, 이 거대한 플랫폼에서 제품을 판매한다고 생각해
보세요. 규모로 비교하면 신세계백화점이나 현대백화점에 입점하는 것과 비슷합니
다. 이처럼 스마트스토어는 대형 쇼핑몰과 같은 규모인데, 입점 비용이 없고 절차
도 간단합니다. 아이템만 잘 선정하면 누구나 손쉽게 스마트스토어로 온라인 쇼핑
몰을 창업할 수 있습니다. 스마트스토어의 장점과 혜택을 짚어가면서 스마트스토
어 생태계를 알아보고 분석해보겠습니다.

지금은
스마트스토어 시대

01 언택트 시대의 네이버 쇼핑과 스마트스토어

코로나바이러스감염증−19(이하 코로나19)로 인해 스마트스토어로 온라인 쇼핑몰을 창업하려는 사람이 폭증했습니다. 언택트(비대면)가 일상화되면서 온라인 쇼핑이 늘었고, 소규모 온라인 창업의 수요가 비교적 손쉽게 도전할 수 있는 스마트스토어로 몰려든 것입니다.

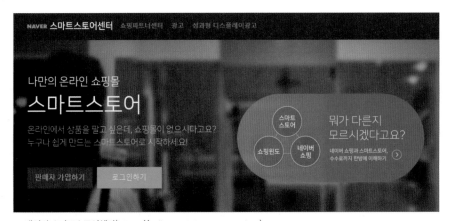

▲ 네이버 스마트스토어센터(https://sell.smartstore.naver.com)

이 시대의 위기는 언택트 문화가 일상이 되게 했고 온라인 쇼핑 수요는 기하급수적으로 늘었습니다. 쿠팡, 마켓컬리 같은 온라인 기반의 비대면 서비스를 제공하는 회사들이 넘쳐나는 물량으로 폭풍 성장할 수밖에 없었죠. 네이버 쇼핑 또한 쇼핑 라이브, 플러스 멤버십 등 다양한 신규 서비스를 선보이면서 성장에 더욱 박차를 가했습니다. 코로나19가 오히려 기회가 된 셈이었고, 네이버 쇼핑은 이 기회를 놓치지 않았습니다.

스마트스토어는 네이버의 안정적인 서비스들을 바탕으로 창업 초보자도 손쉽게 시작할 수 있고 자본도 필요하지 않습니다. 온라인 쇼핑의 대호황 시대이다 보니 스마트스토어를 통해 내가 가볍게 올려둔 상품에 소비자들이 반응하며 구매 버튼을 누릅니다. 그런 신기한 경험을 하는 사람이 더 많아지고 있습니다.

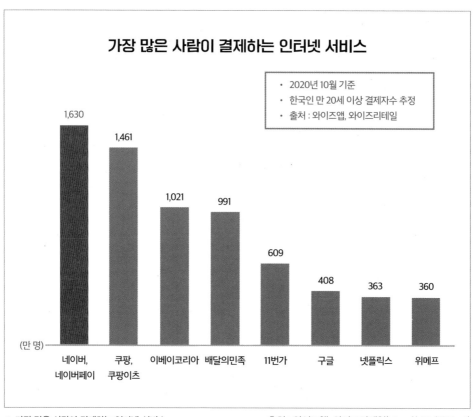

▲ 가장 많은 사람이 결제하는 인터넷 서비스　　　　출처 : 와이즈앱, 와이즈리테일(https://bit.ly/39EjcgJ)

네이버 쇼핑은 2019년에 이미 쿠팡을 제치고 시장 점유율 1위를 달성했으며, 2020년 연간 거래액이 30조 원을 넘어선 것으로 추정됩니다. 또한 와이즈앱, 와이즈리테일이 2020년 10월에 발표한 자료에 따르면, 가장 많은 사람이 결제하는 인터넷 서비스 부문에서도 1위를 기록했습니다. 스마트스토어는 현재 35만 개 이상 개설되어 있으며, 지금도 월평균 3만 5,000개 이상 계속 생겨나고 있습니다. 유튜브에서도 100여 개의 채널이 스마트스토어 입점과 마케팅에 대해 친절하게 가르쳐주고 있고, 관련 유료 강의 또한 쉽게 찾아볼 수 있습니다. 숫자는 거짓말하지 않습니다. 네이버 쇼핑, 즉 스마트스토어가 대세라는 아주 명백한 증거죠.

02 네이버의 강점은 곧 스마트스토어의 강점

네 명 중 세 명이 사용하는 검색 포털 서비스

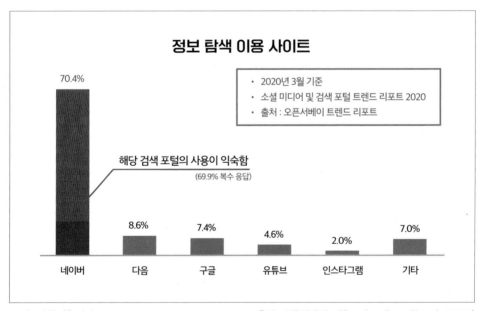

▲ 정보 탐색 이용 사이트

출처 : 오픈서베이 트렌드 리포트(https://bit.ly/3nYRKiK)

국내에서 가장 많이 사용하는 검색 포털 서비스는 무엇일까요? 두말할 것 없이 네이버입니다. 오픈서베이가 2020년 3월에 발표한 자료에 따르면, 네 명 중 세 명은 네이버에서 검색한다고 합니다. 이유는 편하고 익숙해서입니다. 구글이나 유튜브 같은 동영상 플랫폼의 점유율도 점차 늘고 있지만, 네이버의 익숙함을 넘어서기가 만만치 않습니다. 특히 네이버 쇼핑이 온라인 쇼핑몰 1위 플랫폼으로 성장하면서 무언가 구매할 때 네이버에 제일 먼저 검색하고, 플랫폼별 가격도 비교해봅니다. 이러한 과정을 생각하면 쇼핑에 관한 키워드는 네이버가 강할 수밖에 없습니다.

그렇다면 왜 스마트스토어로 창업해야 하는지에 대해서도 자연스레 답이 나옵니다. 장사는 사람이 많이 모이는 곳에서 하는 것이 기본이기 때문입니다. 오프라인 매장으로 비교하자면 유동 인구가 많은 역세권인 셈입니다. 사람이 많이 모이는 곳이므로 매장에 손님이 들어올 확률도 높습니다. 온라인의 역세권은 네이버입니다. 손쉽게 온라인 역세권에서 창업할 수 있는데 다른 곳을 선택할 이유가 없습니다.

다양한 서비스와 비즈니스 도구 지원

스마트스토어로 창업해야 하는 이유가 하나 더 있습니다. 네이버의 다양한 서비스가 든든한 지원군이 되기 때문입니다. 익숙하고 편하다는 강점과 더불어 트렌드를 선도하는 네이버의 모든 기술이 스마트스토어에 결합되어 있습니다. 고객들이 네이버에 접속해서 구매하고 싶은 상품을 검색하고, 네이버페이로 결제하면 배송까지 일사천리로 처리됩니다. 나는 상품만 잘 등록해두면 네이버가 원스톱으로 다 해결해주는 겁니다. 심지어 상품을 등록하는 것까지 도와줍니다. 현재 국내에는 네이버의 이러한 장점을 뛰어넘는 경쟁자가 없다고 단언할 수 있을 정도입니다.

네이버 IT 플랫폼

네이버 페이
사용자에게는 간편한 구매경험을,
사업자에게는 매출증대를 도와드립니다.

네이버 스마트 스토어
온라인에서 만드는 내 가게, 상품등록,
판매, 정산, 혜택 관리 등을 제공합니다.

네이버 스마트 플레이스
네이버 이용자들을 내 고객으로 만드는 빠른 방법!
예약, 전화 발신 확인까지 꼭 필요한 기능 제공.

네이버 예약
네이버 ID로 예약할 수 있는 무료 예약 서비스
쉽고 편리하게 온라인 예약관리를 시작하세요.

네이버 톡톡
친구추가 없이 고객과 이야기하는 방법
PC, 모바일 어디서나 상담도구가 되어줍니다.

네이버 클라우드 플랫폼
네이버의 기술과 서비스 경험을 클라우드로 만날 수
있습니다. 지금, 비즈니스에 적용해보세요.

네이버 아이디로 로그인
별도의 아이디와 비밀번호 없이 네이버 아이디로
간편하게 외부 사이트에 로그인할 수 있습니다.

스마트 홈페이지, 모두
누구나 쉽게 무료로 만드는 모바일 홈페이지.
홈페이지 제작부터 검색등록까지 한번에 하세요.

네이버 애널리틱스
온라인 비즈니스 이해를 위한 필수도구. 방문자
분석을 통해 마케팅 효과를 향상시켜보세요.

네이버웍스
네이버의 메일, 캘린더, 주소록, 드라이브와
LINE 메신저를 업무용으로 만나보세요.

네이버 비즈 플랫폼

네이버 쇼핑
오프라인과 온라인을 아우르는
최신 트렌드 상품과 쇼핑 정보 제공

네이버 검색마케팅
네이버를 찾는 4,200만 이용자에게
내 사업을 소개하는 가장 효과적인 방법

**네이버 광고
서비스**

디스플레이 광고
소비자가 이용하는 컨텐츠에
디스플레이 광고가 함께합니다.

쇼핑박스
다양한 방문자에게 상품을 노출하여
매출 및 브랜드 경쟁력을 극대화시킵니다.

▲ 네이버의 다양한 서비스(https://www.navercorp.com/service/business)

게다가 네이버는 쇼핑몰의 실패를 한 차례 경험한 후라서 서비스의 빈틈이 사라졌습니다. 스마트스토어에서도 쇼핑몰 운영에 도움이 되는 다양한 기능을 제공합니다. 특히 빅데이터 분석을 유용하게 활용할 수 있는데, 판매 분석뿐만 아니라 고객의 검색 동향이나 쇼핑 행동도 분석해줍니다. 이를 통해 향후 고객이 어떤 소비 패턴으로 변모할지 예측할 수 있습니다. 또한 시장 분석을 통해 벤치마킹도 할 수 있게 해줍니다. 이러한 최첨단 플랫폼을 무상으로 이용할 수 있다는 건 엄청난 혜택임이 분명합니다.

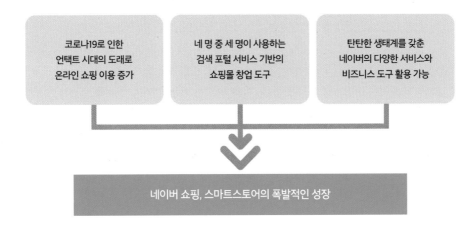

네이버 쇼핑, 스마트스토어의 성장 기반

| 코로나19로 인한 언택트 시대의 도래로 온라인 쇼핑 이용 증구 | 네 명 중 세 명이 사용하는 검색 포털 서비스 기반의 쇼핑몰 창업 도구 | 탄탄한 생태계를 갖춘 네이버의 다양한 서비스와 비즈니스 도구 활용 가능 |

네이버 쇼핑, 스마트스토어의 폭발적인 성장

▲ 네이버 쇼핑, 스마트스토어의 성장 기반

네이버 쇼핑과 스마트스토어가 성장할 수 있었던 이유를 살펴보았습니다. 언택트 시대의 도래부터 탄탄한 생태계를 갖춘 네이버의 다양한 서비스까지, 온라인 쇼핑몰 창업을 생각하는 사람들이 스마트스토어로 모이는 게 당연해 보입니다. 그리고 이렇게 많은 사람이 모여 네이버 쇼핑과 스마트스토어의 폭발적인 성장을 이뤄낸 것이겠죠.

네이버 모바일의 하루 순 방문자수는 2,700만 명입니다. 1초에 310명이 네이버에서 무언가를 검색하고 있습니다. 게다가 이 거대한 검색 플랫폼이 현재에 안주하지 않고 계속 진화하고 있습니다. 또한 지금으로서는 이용자들이 네이버를 떠날 것 같은 조짐도 전혀 보이지 않습니다. 그렇다면 스마트스토어에 오픈한 내 쇼핑몰도 당분간은 안정적으로 운영할 수 있다는 이야기입니다. 지금 대한민국에서 네이버만큼 쇼핑에 특화된 플랫폼은 찾아보기 힘듭니다. 오프라인 쇼핑몰의 공룡이라 불리는 신세계백화점이 경쟁 상대로 네이버를 지목했습니다. 그만큼 네이버의 강점을 의식한다는 이야기겠죠. 온라인 쇼핑몰 창업을 생각한다면 이제 다른 곳을 헤맬 필요 없이 바로 스마트스토어로 직행하면 됩니다.

핵심 콕콕 **TIP** | 스마트스토어의 역사

네이버는 2012년에 오픈마켓 형태인 샵N 서비스를 시작했습니다. 이전에도 가격 비교 서비스, 지식 쇼핑, 쇼핑TV 등을 도입했지만, 지금과 같은 온라인 쇼핑몰 형태를 처음 갖춘 것은 샵N이었습니다. 하지만 네이버만의 강점을 살리지 못해 결국 철수했고, 2014년에 '입점 수수료 0원'을 내세워 스토어팜 서비스를 시작했습니다. 스토어팜은 모바일에서도 편하게 쇼핑할 수 있도록 최적화했고, 2015년에 네이버페이까지 도입하면서 서비스를 다양화했습니다. 그러면서 스토어팜의 판매자가 점점 늘었습니다. 이후 지식 쇼핑을 네이버 쇼핑으로 변경하고, 2018년에 지금의 스마트스토어로 최종 개편했습니다. 스마트스토어는 하루아침에 만들어진 것이 아닙니다. 다양한 시도를 거듭하며 지금과 같은 모습을 갖췄고, 현재도 계속 기능을 업데이트하고 있습니다.

03 스마트스토어의 장점 알아보기

스마트스토어의 장점

1. 진입 장벽이 낮아 누구나 쉽게 개설할 수 있다.

2. 쇼핑몰 운영에 필요한 기능이 다 있고 관리하기가 쉽다.

3. 네이버의 다양한 서비스와 연동이 쉽다.

4. 수수료가 저렴해 판매자의 부담이 적다.

5. 다양한 교육 프로그램과 혜택 지원이 있다.

아무것도 모르는 초보자도 스마트스토어를 쉽게 시작할 수 있다!

▲ 스마트스토어의 장점 다섯 가지

스마트스토어의 장점을 좀 더 상세히 알아보겠습니다. 기존 온라인 쇼핑몰들은 아무것도 모르는 초보자가 시작하기에는 절차도 복잡하고, 안정적으로 운영하기까지 꽤 오랜 시간이 걸렸습니다. 스마트스토어는 이러한 단점을 보완해 누구나 쉽게 온라인 쇼핑몰을 만들 수 있고, 만든 즉시 안정적인 운영도 가능합니다. 초보자에게 최적화된 온라인 쇼핑몰 창업 플랫폼이라 할 수 있습니다.

진입 장벽이 낮아 누구나 쉽게 개설할 수 있다

스마트스토어의 최대 장점은 바로 진입 장벽이 낮다는 것입니다. 불과 5분이면 온라인 쇼핑몰을 뚝딱 만들 수 있습니다. 네이버 스마트스토어센터(https://sell.smartstore.naver.com)에 접속해 [판매자 가입하기]를 클릭하면 다음과 같이 스마트스토어센터의 [판매자 가입] 페이지가 나타납니다.

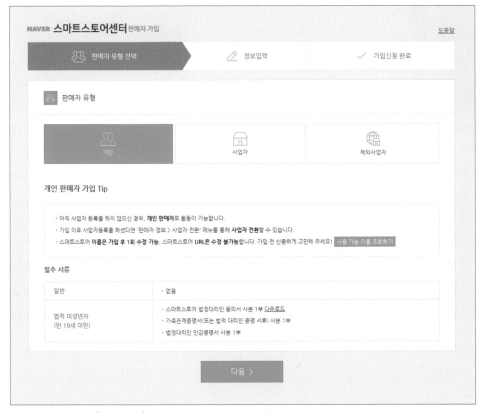

▲ 스마트스토어센터의 [판매자 가입] 페이지

각 페이지의 안내에 따라 차례로 필요한 정보를 입력하고 나면 다음과 같이 바로 쇼핑몰이 개설됩니다. 가입 심사를 거치긴 하지만, 거의 가입하자마자 바로 승인될 정도로 빠르게 처리해줍니다. 그리고 무엇보다 사업자 등록이 가장 큰 문제인데, 이마저도 스마트스토어는 진입 장벽을 무너뜨렸습니다. 사업자 등록 대신 개인 판매자로 등록해도 쇼핑몰을 개설할 수 있고 상품도 판매할 수 있습니다.

▲ 개설된 스마트스토어의 메인 페이지

진입 장벽을 낮춰주는 또 하나는 스마트스토어 판매자를 위한 대출 서비스입니다. 스마트스토어는 입점 수수료 없이 창업할 수 있지만, 본격적으로 쇼핑몰을 운영하다 보면 상품 준비 및 광고 등 다양한 부분에 비용을 지불해야 할 때가 있습니다. 이때 자본이 넉넉하지 않다면 네이버 파트너금융지원(https://finsupport.naver.com)에서 제공하는 대출 서비스를 이용할 수 있습니다.

네이버 파트너금융지원에서는 대출 서비스뿐만 아니라 금융 관련 유용한 정보도 함께 제공합니다. 금융가이드의 [기초 금융 TIP]에서는 부가세 신고 등 세금 관련 정보도 제공하므로 참고하면 좋습니다.

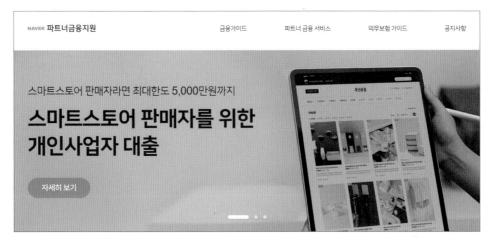

▲ 네이버 파트너금융지원(https://finsupport.naver.com)

▲ 네이버 파트너금융지원의 금융가이드

필요한 기능이 다 있고 관리하기가 쉽다

스마트스토어의 두 번째 장점은 관리하기가 정말 쉽다는 점입니다. 기존 온라인 쇼핑몰들은 개설 자체도 진입 장벽이 높지만, 개설한 후에도 관리하기가 쉽지 않습니다. 그런데 스마트스토어는 상품 등록부터 결제, 고객 관리까지 초보자도 어렵지 않게 할 수 있습니다. 인터페이스가 복잡하지 않고 항목별로 상세한 설명이 나와 있어, 별도로 이용 방법을 숙지하지 않아도 바로 상품을 등록하고 판매 등을 관리할 수 있습니다.

▲ 스마트스토어의 [상품등록] 페이지

스마트스토어를 처음 개설했다면 스마트스토어센터에서 이것저것 메뉴를 확인해보며 다음과 같이 각 항목에 초록색으로 작성된 설명도 읽어보세요. 금세 오랜 기간 스마트 스토어를 운영한 것처럼 익숙해질 겁니다.

▲ [상품등록] 페이지의 항목별 설명

또한 온라인 쇼핑몰 운영에 필요한 웬만한 기능은 다 있기 때문에 그때그때 다른 서비 스를 찾아 헤매지 않아도 됩니다. 심지어 상세페이지를 만드는 프로그램조차 없어도 됩니다. 온라인 쇼핑몰 운영 시 또 하나의 골칫거리가 바로 상품 소개 페이지, 일명 상세페이지입니다. 상세페이지를 보기 좋게 만들기도 쉽지 않고, 이미 만들어둔 상세페이지를 수정하는 것도 은근히 귀찮은 일입니다. 그런데 스마트스토어는 블로그처럼 상세페이지를 작성할 수 있어 무척 편리합니다. 이미 레이아웃이 갖춰진 디자인 템플릿도 제공해 상세페이지 디자인을 고민할 필요도 없습니다.

▲ 스마트스토어의 [푸드] 상세페이지 템플릿

원하는 템플릿을 선택해 블로그에 글을 작성하듯 사진을 넣고 설명을 입력합니다. 내용을 수정하기도 편합니다. 제품 문의 관련 내용이나 배송 정보 같은 내용도 놓치지 않고 입력할 수 있도록 해줍니다. 이쯤 되니 정말 스마트스토어 하나로 온라인 쇼핑몰을 운영할 수 있다는 실감이 나기 시작하죠?

네이버의 다양한 서비스와 연동이 쉽다

스마트스토어의 세 번째 장점은 네이버 쇼핑, 네이버페이와의 연동입니다. 너무나 당연한 이야기지만, 스마트스토어에 등록한 상품은 네이버 쇼핑에 노출할 수 있습니다. 네이버 쇼핑에 상품이 노출된다는 것은 잠재 고객의 눈에 띄기 쉽고, 홍보가 용이하다는 것을 의미합니다. 물론 상품을 네이버 쇼핑에 노출하려면 수수료를 조금 더 내야 합니다. 하지만 잠재 고객을 이렇게 쉬운 방법으로 끌어올 수 있는데 수수료 2%가량 더 내는 것은 문제도 아닐 겁니다. 또한 네이버페이와 연동되는 것도 엄청난 혜택입니다. 판매와 정산을 자동으로 해결할 수 있기 때문에 판매자에게 유용하고, 쉬운 결제 및 포인트 적립 등의 혜택이 있어 구매자에게도 유용합니다.

네이버 검색결과에 | 가격비교 카탈로그에 | 다양한 광고 상품을 | 매출과 광고에 대한
내 상품 노출 | 내 상품 연동 | 통한 프로모션 | 리포트 기능 활용

▲ 네이버 쇼핑파트너센터의 네이버 쇼핑 입점 혜택 소개(https://center.shopping.naver.com)

스마트스토어는 네이버 광고와도 연동할 수 있어 잘만 활용하면 상품 노출 기회를 앞당길 수 있습니다. 광고를 집행하려면 일정 비용을 지불해야 하지만, 적절히 활용하면 판매에 큰 도움이 됩니다. 또한 네이버 쇼핑을 통해 상품을 구매하는 사람들은 네이버에서 상품을 검색합니다. 그렇기 때문에 상품을 광고해야 한다면 네이버에서 하는 것이 가장 적합합니다. 힘들게 별도의 광고 플랫폼을 찾아다닐 필요가 없습니다.

▲ 네이버 광고(https://searchad.naver.com)

NOTE 대한민국 마케팅 최강자의 실전 노하우

📋 광고대행사와의 광고 계약 주의하기

초보자는 스마트스토어 운영 초기에 아무 광고대행사와 광고 계약을 하는 경우가 있습니다. 검증되지 않은 광고대행사는 추후 문제 발생 시 해결하기가 어렵습니다. 꼭 광고대행사를 통해야 한다면 반드시 네이버에 등록된 공식 업체와 협업하기를 권합니다. 또한 광고비 예산은 처음부터 너무 높게 책정하지 말고 상황과 조건에 맞게 소액(1일 1만 원 이하)으로 책정하기를 권합니다. 사실 가장 좋은 방법은 광고대행사 없이 직접 운영하는 것입니다. 관련 지식이 없는 상태에서 광고대행사를 이용하면 효율적인 광고 운영이 어렵습니다. 광고도 마케팅의 일부분이므로 직접 공부하고 익혀 활용하는 것이 좋습니다.

스마트스토어는 네이버 애널리틱스와도 연동됩니다. 네이버 애널리틱스는 무료 웹로그 분석 서비스로, 네이버의 유용한 마케팅 서비스 중 하나입니다. 방문자수나 유입 채널 같은 기본적인 데이터를 분석해주는 것은 물론, 네이버 검색 광고 전환율이나 재방문자 수, 방문자 정보와 같은 고급 데이터도 분석해 제공합니다. 이러한 데이터 분석은 내 온라인 쇼핑몰을 더 나은 방향으로 개선하는 데 유용합니다.

▲ 네이버 애널리틱스(https://analytics.naver.com)

이 외에도 네이버TV, 블로그, 카페, 밴드, 모두(modoo!), 그라폴리오 등 네이버의 다양한 서비스를 함께 활용할 수 있습니다. 게다가 대부분 우리에게 너무나도 익숙한 플랫폼이라서 활용하기도 어렵지 않습니다. 네이버 아이디 하나만 있으면 이 모든 것을 자유자재로 활용할 수 있다니, 그야말로 네이버는 거대한 웹 생태계가 아닐 수 없습니다.

📋 비즈 어드바이저(Biz Advisor) 활용하기

또 다른 애널리틱스 도구인 비즈 어드바이저(Biz Advisor)도 활용할 수 있습니다. 비즈 어드바이저는 현재 스마트스토어만 한정해 데이터 분석 자료를 제공하고 있습니다. 앞서 설명한 빅데이터 분석 도구인데, 판매 분석뿐만 아니라 고객의 검색 동향이나 쇼핑 행동도 분석해 보여줍니다. 또한 시장 분석을 통해 벤치마킹도 할 수 있게 해줍니다.

▲ 스마트스토어 비즈 어드바이저(https://bizadvisor.naver.com)

비즈 어드바이저는 네이버 스마트스토어센터의 왼쪽에 있는 [통계] 메뉴를 클릭해 확인할 수 있습니다. 비즈 어드바이저(https://bizadvisor.naver.com)로 바로 접속해 확인할 수도 있습니다. 매일 아침 요약된 분석 자료를 확인하며 상품이 잘 판매되고 있는지, 어떤 고객이 상품을 구매했는지 등을 점검하고 운영 전략을 다시 세워보세요.

수수료가 저렴해 판매자의 부담이 적다

스마트스토어의 네 번째 장점은 사람들이 입을 모아 이야기하는 수수료 부분입니다. 판매할 장소를 제공받았다면 당연히 제공하는 이에게 비용을 지불해야 합니다. 스마트스토어도 마찬가지입니다. 이 비용이 바로 수수료인데, 놀라운 점은 수수료가 다른 오픈마켓과 비교하면 말이 되지 않을 정도로 저렴하다는 겁니다. 이 점이 다른 오픈마켓 판매자들을 우르르 스마트스토어로 건너오게 만들었습니다.

▲ 스마트스토어 개설, 상품 등록, 판매 수수료 무료

그렇다면 수수료는 대체 얼마나 저렴한 걸까요? 우선 스마트스토어 개설부터 상품 등록 및 판매 수수료까지 사실상 전부 무료입니다. 다만 네이버 쇼핑과 연동한 후 네이버 쇼핑을 통해 유입된 고객이 상품을 구매하면 2%의 수수료가 발생하는 겁니다. 이때 네이버페이 결제 수수료도 별도인데, 이마저도 다른 결제 시스템과 비교하면 엄청나게 낮은 편입니다. 이 모든 수수료를 다 합쳐도 5~6%밖에 안 됩니다. 온라인 쇼핑몰을 창업하기 위해 여러 오픈마켓의 수수료를 찾아본 분들은 알겠지만, 평균 10%가량으로 설정되어 있습니다. 그러니 스마트스토어의 수수료가 정말 저렴하다는 것을 체감할 수 있을 겁니다.

수수료 안내	✕

스토어 개설/상품 등록/판매 수수료

· 무료

네이버쇼핑 매출연동수수료 (VAT 포함)

· 2%

네이버페이 결제수수료 (VAT 포함)

· 신용카드: 3.74%
· 계좌이체: 1.65%
· 무통장입금(가상계좌): 1% (최대 275원)
· 휴대폰 결제: 3.85%
· 네이버페이 포인트: 3.74%

▲ 스마트스토어의 수수료 안내

여기서 한 가지 중요한 점은 네이버 쇼핑이 아니라 인스타그램이나 페이스북 같은 SNS 또는 유튜브 같은 동영상 플랫폼 등 다른 웹사이트를 통해 유입된 고객이 상품을 구매하면 네이버에 수수료를 내지 않아도 된다는 점입니다. 다시 말해 SNS나 동영상 플랫폼 등으로 홍보하고, 스마트스토어 링크를 바로 연결해 판매가 이루어지면 판매 수수료가 전혀 발생하지 않는 것입니다. 이렇다 보니 네이버 쇼핑과 연동하지 않고 SNS나 동영상 플랫폼만 이용해 마케팅 효과를 누리고 판매까지 끌어올리는 판매자도 제법 있습니다.

 NOTE **대한민국 마케팅 최강자의 실전 노하우** 🔍

📋 **블로그, SNS, 동영상 플랫폼으로 마케팅하기**

제품 홍보가 막막한 초보 판매자의 돌파구는 SNS 마케팅입니다. 처음부터 유료 광고를 집행하면 부담스러울 수 있으니 블로그, SNS, 동영상 플랫폼 등을 활용해 온라인 마케팅을 진행해보세요. 앞서 이야기했듯이 다른 웹사이트를 통해 유입된 고객이 상품을 구매하면 네이버에 수수료를 지급하지 않아도 됩니다. 스마트스토어와 SNS 마케팅을 어떻게 연결할 것인지 PART 01의 CHAPTER 02에서 간략히 알아보고, 블로그, 인스타그램, 유튜브 등을 활용한 구체적인 온라인 마케팅 방법은 PART 04에서 상세히 다룹니다.

상품을 판매하면 마진이란 게 있습니다. 그런데 이 마진에서 판매 및 결제 수수료가 차지하는 비중이 꽤 큽니다. 처음에는 크게 느껴지지 않지만, 판매량이 많아지면 수수료 지출이 좀 많은 게 아닌가 싶은 순간이 옵니다. 이때는 수수료가 아깝게 느껴지기도 합니다. 아마 판매자의 마음은 다 같을 겁니다. 스마트스토어는 이러한 비용을 줄여주면서 판매자의 마음을 더욱 얻고 있습니다.

▲ 스타트 제로수수료 프로그램 운영(https://partners.naver.com/startup/start_zero)

마지막으로 수수료에 대한 알짜 팁이 하나 더 있습니다. 바로 스타트 제로수수료 프로그램입니다. 스타트 제로수수료 프로그램은 초보 창업자에게 매월 500만 원에 한해 12개월간 결제 수수료를 지불하지 않아도 되는 혜택을 제공합니다. 신청 대상 및 승인 조건은 자세히 확인해봐야겠지만, 이제 막 스마트스토어를 개설한 분들이라면 대부분 신청 대상 및 승인 조건에 해당될 겁니다.

스타트 제로수수료 프로그램은 매출이 많지 않은 창업 초기에 초보 판매자의 비용 부담을 줄여주자는 취지로 만들었습니다. 네이버에서 이렇게 파격적인 혜택까지 제공하는데 가만히 있을 수 없겠죠? 네이버에서 제공하는 다양한 혜택을 적극적으로 누리며 매출도 더 높이고, 초보 판매자에서도 탈출하길 바랍니다.

다양한 교육 프로그램과 혜택 지원이 있다

스마트스토어의 다섯 번째 장점은 다양한 교육 프로그램과 혜택을 지원해준다는 점입니다. 특히 초보 판매자뿐만 아니라 어느 정도 초보 판매자에서 벗어난 분들에게도 도움이 될 심화 교육 프로그램도 제공합니다. 스마트스토어센터의 메인 페이지 하단에 다음과 같이 관련 페이지로 바로 이동할 수 있는 링크가 있습니다. 여기서 살펴볼 것은 [스마트스토어센터 매뉴얼]입니다.

▲ 스마트스토어센터 하단의 연동 메뉴

스마트스토어는 기본적으로 상품 등록부터 판매, 정산, 고객 관리까지 누구나 특별한 교육 없이 사용할 수 있을 만큼 쉽지만, 매뉴얼을 통해 각 메뉴나 기능을 더 자세히 익힐 수 있습니다. [스마트스토어센터 매뉴얼]을 클릭하면 스마트스토어 매뉴얼을 확인할 수 있고, 각 매뉴얼은 PDF 파일로도 제공됩니다.

공지사항		
전체　일반　시스템　안전거래　판매 TIP　D-커머스　위해정보　**매뉴얼**		
매뉴얼		
[매뉴얼] 고객확인제도 입력 가이드_법인사업자		2020.12.24.
[매뉴얼] 고객확인제도 입력 가이드_개인사업자		2020.12.24.
[매뉴얼] 고객확인제도 입력 가이드_개인판매자		2020.12.24.
[매뉴얼] 쇼핑라이브 웹관리툴 오픈안내		2020.12.08.
[매뉴얼] 스마트스토어 빠른정산 매뉴얼		2020.11.12.
[매뉴얼] 라이브 예고 페이지 편집기능 오픈안내		2020.10.16.
[매뉴얼] [매뉴얼] 사업자 회원님들을 위한 안전한 개인정보 관리 안내서		2020.09.11.
[매뉴얼] [매뉴얼] 마케팅 메시지 매뉴얼		2020.09.03.
[매뉴얼] 판매자 상품정보(카테고리별 상품속성) 매뉴얼 업데이트 안내		2020.08.28.
[매뉴얼] 정산내역 공문서 출력 기능 안내		2020.07.02.
1　2　3　4　>　»		

▲ 스마트스토어센터에서 제공하는 스마트스토어 매뉴얼

매뉴얼과 같은 기본 설명 외에 스마트스토어 창업부터 개설, 초기 성장, 매출을 높이는 심화 교육까지 제공하는 교육 프로그램도 있습니다. 바로 D-커머스 프로그램입니다.

 핵심 콕콕 TIP — **D-커머스 프로그램의 성장포인트 제도**

D-커머스 프로그램에서는 마케팅 비용으로 활용할 수 있는 '성장포인트'도 지원합니다. 스마트 스토어를 개설한 지 얼마 되지 않은 초보 판매자 중 일정 거래액을 달성한 판매자라면 대부분 지원받을 수 있으니 꼭 확인해 혜택을 잘 활용해보길 바랍니다.

D-커머스 프로그램은 스마트스토어센터의 왼쪽 메뉴 하단에서도 확인할 수 있습니다. [D-커머스 교육], [오프라인 교육], [온라인 교육]이 있는데, 모두 네이버 파트너스퀘어에서 운영하는 교육 프로그램입니다. 메뉴를 클릭하면 네이버 파트너스퀘어(https://partners.naver.com)로 이동합니다.

네이버 파트너스퀘어로 바로 이동할 수 있는 메뉴 ▶

스마트스토어센터 왼쪽 메뉴 하단의 [오프라인 교육]을 클릭하면 장소별 교육 일정을 확인할 수 있습니다. 단계별 프로그램을 운영하며 체계적인 교육을 진행하기 때문에 스마트스토어 판매자들에게 많은 도움이 됩니다.

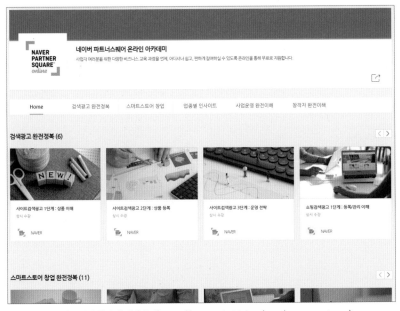

▲ 네이버 파트너스퀘어의 D-커머스 프로그램(https://partners.naver.com)

마찬가지로 스마트스토어센터 왼쪽 메뉴 하단의 [온라인 교육]을 클릭하면 에드위드 (https://www.edwith.org)의 네이버 파트너스퀘어 온라인 아카데미로 이동합니다. 여기서 제공하는 모든 교육은 무료이므로 오프라인 교육에 참여하기 어려운 경우 활용 하면 좋습니다.

▲ 네이버 파트너스퀘어 온라인 아카데미(https://www.edwith.org/ptnr/naveracademy)

이 외에도 네이버TV의 〈네이버 파트너스퀘어 TV〉 채널도 참고하면 좋습니다. 여기서는 수시로 라이브 교육을 진행해 스마트스토어 운영에 관한 유용한 팁을 전달합니다. 라이브 교육 일정을 확인하고 필요한 내용을 학습해보세요.

▲ 네이버 파트너스퀘어 TV(https://tv.naver.com/naverpartner)

네이버만큼 스마트스토어에 대해 잘 아는 주체가 또 있을까요? 네이버가 알려주는 것만 잘 따라 해도 절반은 성공이라 할 수 있습니다. 언택트 시대에 걸맞게 스마트스토어 온라인 교육 콘텐츠의 누적 조회수가 100만 회를 넘었다고 합니다. 이미 많은 사람이 교육 콘텐츠를 잘 활용하고 있다는 이야기지요. 정보는 충분하니 이를 잘 활용하는 것은 이제 여러분의 몫입니다.

스마트스토어 진입이 더 쉬워지는 이유

01 SNS로 홍보하고 스마트스토어로 판매하기

스마트스토어는 판매하는 곳이 온라인일 뿐 오프라인에서 상품을 판매하는 것과 크게 다르지 않습니다. 스마트스토어로 개설한 온라인 쇼핑몰을 어떻게 홍보하고 알려야 할지 고민된다면 기본부터 생각해보는 것이 좋습니다. 오프라인 매장을 운영하는 소상공인이 가장 쉽게 접근할 수 있고 비용도 거의 들지 않는 홍보 방법이 SNS 마케팅입니다. 온라인 쇼핑몰도 마찬가지입니다. 처음부터 네이버 쇼핑에 광고를 게재하고 대규모 마케팅을 펼칠 것이 아니라면 SNS 마케팅부터 차근차근 시작해보세요. 여기서는 스마트스토어에 SNS 마케팅이 중요한 이유를 알아보고, 본격적으로 활용하는 방법은 PART 04에서 더 자세히 다룹니다.

인스타그램 하다가 자연스럽게 스마트스토어 개설하기

필자는 인스타그램 마케팅 강의도 진행하고 있습니다. 수강생 중에는 지역 소상공인도 꽤 있습니다. 소상공인에게 인스타그램은 자신의 매장이나 제품을 알리는 아주 유효적절한 마케팅 도구이기 때문입니다. 어떤 분은 인스타그램 마케팅을 배우자마자 적극적으로 활용해 손님이 몰려오기도 하고 판매가 급증하기도 했습니다. 이런 일이 어떻게 가능할까요?

식당을 운영하거나 식품을 제조하는 사람은 음식을 만드는 모습이나 먹는 모습을 업로드합니다. 욕망 자극은 사람을 모으는 최고의 방법이죠. 인스타그램을 보고 찾아왔다는 손님이 늘면서 매출도 증가합니다. 또는 제품을 디자인하고 만드는 모습이나 직접 사용하는 모습을 업로드합니다. 제품의 장점을 사진이나 영상을 통해 보여주기도 합니다. 이렇게 자연스러운 제품 노출에 사람들은 반응하고 곧바로 구매로도 이어집니다. 인스타그램 마케팅 활동을 통해 자연스럽게 홍보가 이루어지고 손님이 증가하거나 제품 판매로 이어지는 것이죠. 인스타그램 마케팅의 파워는 이미 필자가 경험한 수많은 사례로 입증되었습니다.

▲ 스마트스토어로 수제 과일청을 판매하는 '엔게티'의 인스타그램

그런데 운영하는 오프라인 매장이나 온라인 쇼핑몰을 홍보하기 위해 인스타그램을 시작한 경우도 있지만, 처음부터 인스타그램에서만 소소하게 판매를 시작한 경우도 있습니다. 인스타그램에서는 수제 식품이나 액세서리, 디자인 굿즈 등을 직접 제작해 판매하는 사람들을 종종 발견할 수 있습니다. 이들에게 인스타그램은 마케팅 수단이자 오프라인 매장이나 온라인 쇼핑몰과 같은 판매처인 셈입니다.

이들은 인스타그램을 제대로 써먹기 위해 매일 꾸준히 게시물을 업로드하고 해시태그도 적극적으로 활용합니다. 제품에 관심을 가질 만한 사람들의 인스타그램에 찾아가 '좋아요'도 누르고 '팔로우'도 합니다.

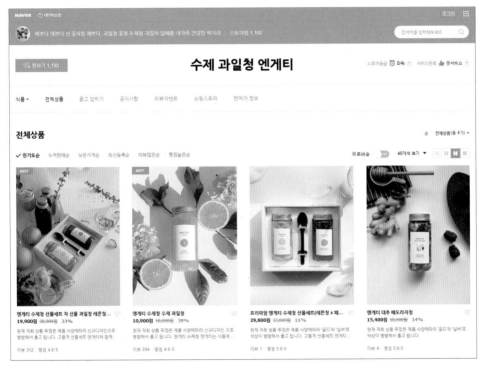

▲ 수제 과일청을 판매하는 '엔게티'의 스마트스토어 페이지

이렇게 부단한 활동으로 인스타그램 팔로워를 늘려가며 사람들을 끌어모으죠. 제품에 관심 있는 팔로워가 많아지면 자연스럽게 판매로도 이어지는데, 제품이 판매되는 것은

참 기분 좋은 경험입니다. 열심히 하는 만큼 결과도 따라오기 때문에 인스타그램의 파워, 즉 SNS 마케팅의 파워를 몸소 느끼게 됩니다.

그러나 이때부터 작은 문제들이 하나둘 생기기 시작합니다. 막상 온라인에서 제품이 판매되면 결제부터 시작해서 고객 응대도 만만치 않고, 고객의 마음이 변심했을 때 환불해주는 것도 머리 아픈 일입니다. 거래 횟수가 많아지고 거래 규모가 커지면 전자상거래법에 따라 통신판매업 신고도 고려해야 해서 판매를 본격적으로 확장해나가기도 어렵습니다.

핵심 콕콕 **TIP** 전자상거래법의 통신판매업 신고

온라인에서 물건을 판매할 때는 전자상거래법에 따라 통신판매업 신고를 해야 합니다. 다만 직전년도 동안 거래 횟수가 50회 미만이거나 거래 규모가 2,400만 원 미만인 경우 신고 의무가 면제됩니다. 온라인에서의 판매를 본격적으로 고려하고 있다면 가급적 사업자 등록 및 통신판매업 신고를 하는 것이 좋지만, 스마트스토어는 이러한 과정 없이도 개설하고 물건을 판매할 수 있습니다. 본인의 사업 규모에 따라 검토해보세요.

바로 이때 고민을 한 방에 날려줄 지원군이 스마트스토어입니다. 인스타그램의 프로필을 통해 링크를 클릭하면 스마트스토어로 연결되게 할 수 있습니다. 자신의 인스타그램에 몰려들었던 소중한 고객들을 하나도 놓치지 않고 스마트스토어로 유입시키고, 안정적인 구매까지 가능하게 해줍니다. 일일이 머리 아프게 상대해야 했던 고객 관리도 스마트스토어가 알아서 해줍니다. 결제나 환불도 손쉽게 진행할 수 있습니다. 나도 편리하고 고객도 편리합니다.

인스타그램을 하던 사람들이 자연스럽게 스마트스토어 시장에 흡수된 이유입니다. 온라인에서는 누구나 판매자가 될 수 있고, 누구나 판매처를 확보할 수 있게 된 겁니다. 특히 인스타그램과 같은 SNS로 기반을 쌓은 판매자들은 초보 판매자에서 벗어나기가 더 쉬워졌습니다. 인스타그램이나 페이스북 같은 SNS뿐만 아니라, 유튜브와 같은 동영

상 플랫폼, 심지어 네이버 블로그에서도 탄탄한 기반을 쌓을 수 있습니다. 이어서 더 자세히 알아보겠습니다.

SNS 마케팅으로 스마트스토어 틈새시장 공략하기

아무런 준비 없이 곧바로 시작하기보다 SNS를 통해 사람을 끌어모으는 워밍업을 먼저 하는 등 기반을 다진 뒤 스마트스토어에 뛰어들면 성공 확률이 더 높습니다. 제품 판매는 스마트스토어에서 하지만, 제품 홍보는 다른 채널을 적극적으로 활용하는 겁니다.

스마트스토어와 SNS 마케팅

제품 홍보	제품 판매
인스타그램	스마트스토어
유튜브	상품 관리
블로그	판매 관리
	정산 관리
	고객 관리

▲ 스마트스토어와 SNS 마케팅

특히 인스타그램은 SNS 중에서도 활용도가 매우 높습니다. 단 한 번도 온라인 쇼핑을 해본 적 없는 사람조차 인스타그램으로 자신의 매장과 제품을 알리면서 톡톡히 홍보 효과를 봅니다. 그리고는 불과 며칠 만에 스마트스토어를 통해 온라인 쇼핑몰의 세계까지 진입합니다. 이미 인스타그램으로 홍보 효과를 보고 있었기 때문에 판매도 하나둘 이루어집니다.

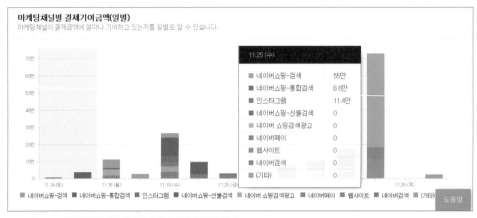

마케팅채널별 결제기여금액(일별)
마케팅채널이 결제금액에 얼마나 기여하고 있는지를 일별로 알 수 있습니다.

11.25 (수)	
■ 네이버쇼핑-검색	55만
■ 네이버쇼핑-통합검색	6.6만
■ 인스타그램	11.4만
■ 네이버쇼핑-선물검색	0
■ 네이버 쇼핑검색광고	0
■ 네이버페이	0
■ 웹사이트	0
■ 네이버검색	0
■ (기타)	0

▲ 스마트스토어센터의 [마케팅채널별 결제기여금액(일별)] 통계

마케팅은 결국 내 제품을 얼마나 잘 노출하느냐의 문제입니다. 스마트스토어센터에서 [통계] 메뉴를 살펴보면 [마케팅채널별 유입수] 또는 [마케팅채널별 결제기여금액] 등을 확인할 수 있습니다. 실제로 인스타그램을 잘 관리하는 업체들의 이 통계 분석을 살펴보면 고객의 유입이 SNS 노출을 통해 들어오는 경우가 많았습니다.

물론 더 나아가서는 네이버 쇼핑의 알고리즘이나 적절한 광고 집행 등도 매우 중요합니다. 그런데 사업 초기에는 다른 채널에서 고객을 끌어올 수 있다면 이보다 더 좋은 출발은 없습니다. 네이버에서 제품을 검색했을 때 수많은 경쟁 제품 사이에서 운이 좋게 이제 막 판매를 시작한 내 제품이 판매될 수도 있겠지만, 사실 무척 어려운 일입니다. 단순하게 자신의 온라인 쇼핑 패턴만 생각해봐도 알 수 있는 사실이죠.

이제는 언제 어디서나 스마트폰으로 SNS에 접속해 살펴보다가 관심 있는 제품이면 판매 링크도 열어보고 구매도 하는 시대입니다. 이것이 가장 확률이 높고 안정적인 패턴이 될 수 있습니다. 초보 판매자라면 일단 남들이 잘 닦아놓은 길을 따라가는 게 좋습니다. SNS는 쇼핑몰의 규모나 판매자의 경력과 상관없이 누구에게나 똑같은 기회를 제공합니다.

SNS 마케팅으로 틈새시장 공략하기

이미 스마트스토어를 통해 개설한 셀 수 없이 많은 온라인 쇼핑몰이 운영되고 있습니다. 그러나 누구나 쉽게 시작할 수 있지만, 처음부터 누구나 쉽게 제품을 판매할 수 있는 것은 아닙니다. 고객들은 내가 온라인 쇼핑몰을 개설했다는 사실조차 모르고, 당연히 어떤 제품을 파는지도 모릅니다. 수많은 경쟁 제품 사이에서 발견되기란 하늘의 별 따기와 같죠. 제품을 어디서 얼마나 노출시킬지 고민하면서 스마트스토어를 시작하면 조금 더 빨리 목표에 가까워질 수 있습니다. SNS 마케팅으로 틈새시장을 공략해보세요. 구체적인 실천 전략은 PART 04에서 상세히 다룹니다.

02 네이버로 배워 스마트스토어에 활용하기

네이버를 통해 이미 알고 있는 네이버 쇼핑 알고리즘

네이버 검색 엔진을 자주 이용하거나 네이버 블로그를 운영해봤다면 네이버 쇼핑의 알고리즘을 이해하는 것도 어렵지 않습니다. 검색 알고리즘, 검색 엔진 최적화, AI 기술 기반 검색 모델 같은 말들을 처음 들어본 분들도 있고, 들어보긴 했지만 그게 무엇인지 정확히는 모르는 분들도 있을 겁니다. 네이버 쇼핑의 알고리즘은 PART 02에서 더 자세히 알아보고 여기서는 간단히 개념만 이해해보겠습니다.

먼저 이러한 검색 모델이 왜 필요한지, 왜 판매자가 알아야 하는지 이해해야 앞으로 설명할 개념들을 이해하기가 더 쉽습니다. 네이버 검색 엔진을 자주 이용해본 분들은 알겠지만, 사용자가 원하는 정보를 검색 결과에 정확히 보여주기 위해 검색 알고리즘을 도입했습니다. 광고성 콘텐츠나 어뷰징 콘텐츠는 최대한 검색에 노출되지 않게 하려는 네이버의 의지로 볼 수 있습니다.

핵심 콕콕 TIP | **어부징 콘텐츠**

콘텐츠의 품질과 상관없이 의도적으로 검색에 노출되게 하거나 클릭수를 늘리기 위해 작성하는 콘텐츠를 말합니다.

마찬가지로 네이버 쇼핑의 검색 모델도 네이버 쇼핑을 이용하는 사용자의 편의를 위해 만들었습니다. 네이버 쇼핑은 11억 개에 달하는 상품과 가격 비교 정보를 제공하고 있습니다. 게다가 매일 다량의 신규 상품이 끝도 없이 추가되고 있죠. 이렇게 많은 상품 속에서 사용자가 원하는 상품을 딱 찾아내는 건 쉽지 않은 일입니다. 이때 사용자가 찾고자 하는 상품에 최대한 가까운 결과를 보여주려고 하는 것이 검색 모델의 역할입니다.

L2R(Learning to Rank)

▲ 네이버 쇼핑 검색 모델의 기본 구성 요소

간단하게 설명하자면 네이버 쇼핑의 검색 모델은 적합도, 인기도, 신뢰도, 이렇게 세 가지로 구성됩니다. 적합도는 사용자가 입력한 검색어에 따라 상품명, 브랜드, 카테고리 등과 같은 상품 정보와의 연관성을 판단합니다. 인기도는 클릭수나 판매지수, 리뷰와 같은 요소를 판단하고, 신뢰도는 네이버 쇼핑 상품 가이드라인 준수 여부 등을 판단합니다. 이 세 가지를 판단해 사용자가 찾는 상품을 적절한 검색 결과로 보여줍니다.

▲ 네이버 쇼핑의 '나이키 운동화' 검색 결과

예를 들어 네이버 쇼핑에서 나이키 운동화를 구매하기 위해 특정 브랜드명과 함께 운동화를 검색하면 수많은 운동화 판매처를 보여줍니다. 이때 슬리퍼나 구두와 같은 신발이 아니라 사용자가 구매하려는 운동화여야 하고, 브랜드도 사용자가 찾는 나이키여야 합니다. 또한 다른 구매자들이 많이 구매한 곳이거나 리뷰가 좋은 판매처라면 더욱 좋겠죠. 이러한 것들을 종합해 사용자가 적절한 상품을 구매할 수 있도록 상품 목록을 제안해주는 겁니다. 즉, 사용자가 원하는 상품을 최적의 검색 결과로 보여주어 만족스러운 쇼핑을 할 수 있도록 돕는 것입니다.

네이버 검색 엔진을 사용해봤다면 이렇게 사용자에게 적절한 정보를 찾아 보여준다는 개념이 낯설게 다가오지는 않을 겁니다. 용어만 낯설게 느껴질 뿐 이미 잘 알고 있는 개념들입니다. 다시 처음에 한 질문을 해보겠습니다. 그렇다면 이런 검색 모델을 판매자가 왜 알아야 할까요? 자신이 판매하는 상품을 구매자들에게 더 많이 노출시키기 위해서입니다. 내가 판매하는 상품을 아무도 검색해서 찾을 수 없다면 당연히 판매도 이루어지지 않을 것입니다.

정리하자면 네이버 쇼핑이 11억 개에 달하는 상품을 어떤 기준으로 나열해 구매자들에게 보여주는지, 첫 번째나 첫 페이지에 상품을 보여주는 기준은 무엇인지를 알아야 내 상품도 구매자들이 찾기 쉬운 위치에 놓일 수 있습니다. 검색 모델을 이해하고 실제로 운영에 참고할 수 있어야 합니다.

블로그를 통해 이미 알고 있는 스마트스토어 활용법

왜 다들 잘나가는 온라인 쇼핑몰을 뒤로하고 스마트스토어로 몰려든 걸까요? 네이버는 자사의 가장 큰 장점인 블로그에 주목했습니다. 한때 별도의 온라인 쇼핑몰을 운영하지 않고 옥션이나 G마켓 같은 오픈마켓도 이용하지 않으며 오직 네이버 블로그만을 통해 상품을 판매하는 사람들이 있었습니다. 바로 이것이 스마트스토어의 시작점이었고, 이들은 자연스레 스마트스토어로 넘어왔습니다.

스마트스토어가 제공하는 기능을 활용하기도 무척 쉽지만, 특히 상품 등록 및 상세페이지 제작이 정말 간단하기 때문입니다. 기존 온라인 쇼핑몰은 상세페이지를 만들려면 사진도 잘 찍어야 하고 포토샵 같은 그래픽 프로그램도 배워야 합니다. 그런데 스마트스토어는 블로그에서 하던 대로 간단히 스마트폰으로 찍은 사진을 활용하고 글도 세련되게 담아 상품을 등록할 수 있습니다.

▲ 스마트에디터 ONE으로 작성하는 [상세설명] 항목

블로그와 스마트스토어는 쌍둥이 같은 관계입니다. 블로그에서 활용하던 스마트에디터 ONE을 스마트스토어에서도 그대로 사용합니다. 스마트스토어센터에서 [상품관리]의 [상품 등록] 메뉴를 클릭하면 [상세설명] 항목에서 스마트에디터 ONE으로 상세페이지 작성하는 방법을 확인할 수 있습니다.

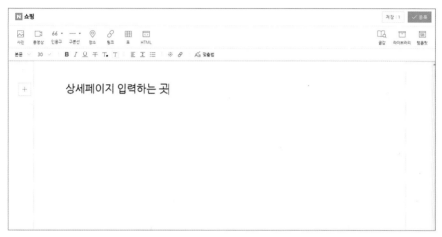

▲ 상세페이지를 작성하는 스마트에디터 ONE

글쓰기나 사진 또는 동영상 업로드 등 모든 것이 동일합니다. 심지어 상세페이지 템플릿도 있어 클릭 몇 번으로 손쉽게 작업할 수 있습니다. 아마 온라인 쇼핑몰의 상세페이지를 만들라고 하면 대부분이 "할 줄 모른다"고 대답하겠지만, 블로그에 글을 하나 쓰라고 하면 역시 대부분이 "그 정도는 할 수 있다"고 대답할 겁니다. 그 정도로 쉽다는 이야기입니다.

스마트스토어 성공 전략은 기본을 잘하는 것

PART

02

PART 01에서는 네이버 쇼핑과 스마트스토어 생태계를 알아보았습니다. PART 02에서는 스마트스토어 창업을 위한 준비 운동, 네이버 쇼핑의 검색 알고리즘, 아이템 선택 전략을 알아보며 온라인 쇼핑몰 창업의 기초를 다져보겠습니다. 성공 전략은 별다른 게 아닙니다. 기본을 잘해야 합니다. 기본을 잘 다져두어야 본격적인 상품 노출 전략 및 온라인 마케팅 등 매출 대박을 위한 다음 작업 단계로 넘어갈 수 있습니다. 고객이 몰려들게 하는 다양한 기본 전략을 차근차근 학습해보겠습니다.

스마트스토어 창업 전 준비 운동

01 스마트스토어 창업을 위한 경험 쌓기

네이버를 잘 이용하지 않고 블로그를 운영해본 적도 없다, 페이스북은 조금 해봤지만 인스타그램은 최근에야 알았다, 유튜브는 남이 올린 영상만 열심히 본다, 네이버페이를 사용해본 적도 없고 온라인으로 물건을 구매해본 적도 없다. 여러분은 이러한 사항들에 해당하나요? 그렇다면 지금부터 제안하는 세 가지를 통해서 스마트스토어를 창업하기 전에 반드시 최소한의 경험을 쌓는 과정이 필요합니다. 준비 운동이라고 생각하고 하나씩 살펴보겠습니다.

네이버페이 가입하고 온라인에서 쇼핑해보기

첫 번째 준비 운동은 자신이 고객이 되어보는 것입니다. 고객의 입장으로 결제 시스템인 네이버페이를 사용해 상품을 구매해봅니다. 신용카드, 계좌 이체, 카카오페이, 토스, 페이코 등 다양한 결제 시스템이 있지만, 네이버 쇼핑을 통해 상품을 구매하는 많은 고객이 네이버페이를 사용합니다. 가입 및 결제도 쉽고 포인트 적립 등 다양한 혜택이 있

기 때문입니다. 잠재 고객이 주로 사용하는 결제 시스템을 한 번도 사용해본 적 없다는
건 앞뒤가 맞지 않는 일이지 않을까요? 기본적으로 네이버페이는 가입하고 사용도 해
봅니다.

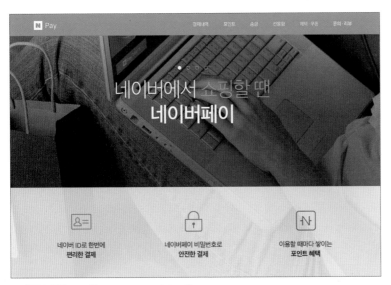

▲ 네이버페이(https://pay.naver.com/about)

네이버페이를 사용할 준비가 되었다면 직접 상품을 구매해봅니다. 다른 판매자의 스마
트스토어에 접속해 관심 있는 물건을 구매해보는 겁니다. 스마트스토어에서 상품을 한
번도 구매해본 적 없는 사람이 스마트스토어를 개설해 상품을 판매한다면 성공 확률이
현저히 떨어질 겁니다. 직접 소비자가 되어봐야 소비자의 마음을 알 수 있습니다.

이때 무작정 쇼핑만 해서는 안 됩니다. 이 상품을 찾은 경로, 수많은 상품 중 이 상품을
구매하기로 결정한 계기 등 자신의 구매 패턴을 분석하고, 상세페이지의 구성이나 고객
유입 이벤트 또는 구매 이벤트, 쿠폰, 각 스토어의 장점 등을 세심하게 파악하며 쇼핑해
야 합니다. 즉, 벤치마킹을 하는 겁니다. 고객의 입장의 되어 고객의 마음을 읽어두면
추후 스마트스토어를 개설해 본격적으로 상품을 판매할 때 고객을 만족시키기가 훨씬
더 수월합니다.

그리고 가능하면 상품을 받은 뒤 구매 리뷰까지 작성해보세요. 앞으로 자신이 스마트스토어를 통해 제공할 모든 서비스 기능을 직접 사용해보는 겁니다. 고객을 끌어오는 방법은 특별하지 않습니다. 자신이 직접 고객이 되어보면 고객이 원하는 것을 분명히 알게 됩니다. 어디서도 배울 수 없는 실전 노하우를 쌓을 수 있는 좋은 기회이니 가볍게 생각하지 말고 반드시 직접 경험해보고, 이 경험들을 바탕으로 자신의 온라인 쇼핑몰을 머릿속에 그려보세요.

▲ 네이버 쇼핑(https://shopping.naver.com/home/p/index.nhn)

컴퓨터뿐 아니라 스마트폰으로도 상품을 구매해봐야 합니다. 스마트폰으로 쇼핑하는 경우가 훨씬 더 많기 때문입니다. 스마트폰에서는 각 페이지가 어떻게 보이는지, 카테고리나 메뉴가 어디에 있는지 등 상품을 찾고 구매하는 패턴을 경험해봅니다. 여유가 된다면 쿠팡, 옥션, G마켓 등 다양한 오픈마켓에서 쇼핑해보는 것도 추천합니다. 각 쇼핑몰의 배송 서비스, 고객 응대나 관리 방법, 장단점 등을 파악해 자신의 온라인 쇼핑몰에 반영할 부분이 있는지 살펴봅니다. 다양한 온라인 쇼핑몰 플랫폼을 통해 구매 경험을 쌓는 것만으로도 충분히 공부가 될 수 있으니 자주 살펴보세요.

▲ 네이버 모바일 애플리케이션의 네이버 쇼핑

쉽게 말해 밖에서 외식을 거의 하지 않는 사람이 갑자기 요식업을 시작하겠다고 하면 결과가 어떨 것 같나요? 스마트스토어도 마찬가지입니다. 온라인 쇼핑을 해본 적 없는 사람이 온라인에서 상품을 판매하면 과연 고객을 사로잡을 수 있을까요? 아무리 스마트스토어의 진입 장벽이 낮고 누구나 쉽게 운영할 수 있다지만, 이렇게 아주 기초적인 것조차 경험해본 적 없는 사람에게는 그리 만만하지 않을 겁니다. 명심하세요.

스마트스토어를 개설해 판매자로 등록해보기

두 번째 준비 운동은 진짜 판매자가 되어보는 것입니다. 네이버 스마트스토어센터에 접속해 [판매자 가입하기]를 클릭하고 각 페이지의 안내에 따라 차례로 필요한 정보를 입력하면 바로 스마트스토어를 개설할 수 있습니다. 몇 분 안에 끝날 정도로 간단한 절차지만, 이 과정을 진행하면 비로소 스마트스토어 판매자로서 무엇을 해야 할지 눈에 보입니다.

▲ 스마트스토어 가입 후 안내 메시지

이때 가능하다면 테스트 판매까지 진행해보면 좋습니다. 특히 '상품을 판매하는 일'을 단 한 번도 해본 적 없다면 더욱더 이 과정은 필수입니다. 본격적인 판매를 위해 간단히 상품을 등록해보고 시험 삼아 결제도 해보세요. 대략 어떻게 운영되는지 알면 전략을 세우기가 훨씬 더 수월합니다.

SNS 시작하고 인플루언서 관찰하기

마지막 준비 운동은 SNS를 시작하고 인플루언서들을 집중적으로 분석해보는 것입니다. 특히 SNS에서는 상품을 홍보하고, 판매는 스마트스토어 링크로 연동하고 있는 인플루언서들 위주로 살펴보면 많은 도움이 됩니다. 이때 고객의 입장으로도, 판매자의 입장으로도 함께 분석해보는 것이 좋습니다.

▲ 수제 과일청을 판매하는 '엔게티'의 인스타그램 이벤트

이제 막 스마트스토어를 개설해 상품 판매를 시작한 초보 판매자는 네이버 쇼핑 검색에 상품을 노출하기가 정말 어렵기 때문에 SNS를 잘 활용해야 합니다. 어쩌면 처음에는 SNS가 내 상품을 노출할 수 있는 유일한 곳일지도 모릅니다. SNS가 생활이 될 정도로 익숙해져보세요. 제일 확실한 도움이 될 겁니다.

02 스마트스토어 창업을 위한 사업계획서 작성하기

철저한 시장 조사를 통해 아이템 선정하기

스마트스토어가 아무리 쉽다고 해도 제대로 정착하고 나름 안정적인 수익을 창출하기 위해서는 꽤 오랜 시간이 필요할 수도 있습니다. 이 시간을 단축한 사람들은 준비를 철저히 했다는 공통점이 있습니다. 그 준비의 첫걸음은 아이템 선정입니다. 사업을 시작할 때 제일 중요한 것은 사업 아이템입니다. 즉, 무엇을 팔 것인지 정하는 일이 가장 중요합니다. 가방을 팔 것인지, 마스크를 팔 것인지, 산삼을 팔 것인지를 정해야 하는 겁니다.

아이템은 자신이 가장 잘 알고 좋아하는 품목으로 선정하는 것이 좋습니다. 가방에 대해 아무런 지식도, 관심도 없는데 어떻게 팔 수 있을까요? 고객이 관련 지식을 물으면 어떻게 대답할 것인가요? 잘 모른다면 상품과 관련해 전문가 이상으로 답변할 수 있을 정도로 공부해야 합니다.

선정한 아이템이 요즘 트렌드에 부합하는지도 중요합니다. 사람들은 관심도 없는데 자기만 좋아하고 잘 안다고 고집하면 안 됩니다. 요즘 사람들이 좋아하는 아이템이 무엇인지 알려면 먼저 시장 조사를 하는 게 순서입니다. 트렌드도 예민하게 캐치할 수 있어야 합니다. 아이템 선정은 스마트스토어의 시작이므로 꼼꼼하게 체크해서 정해야 합니다. 소위 구매 전환율이 높은 상품을 아이템으로 선정하라고 하는데, 관련 내용은 CHAPTER 03에서 더 자세히 알아보겠습니다.

간단하게 사업계획서 작성해보기

다음은 선정한 아이템을 토대로 사업계획서를 작성합니다. 사업계획서를 작성할 때는 목표와 타깃 고객을 정하는 게 제일 중요합니다. 목표가 설정되어야 나른해지지 않고, 타깃이 정해져야 마케팅이 분명해집니다. 진입하기는 쉽지만 경쟁이 치열한 곳이 스마트스토어입니다. 여기서 살아남으려면 남들보다 적어도 한발은 앞서가야 합니다. 그러려면 시장 조사, 목표 설정, 타깃 고객 설정이 치밀해야 합니다. 다음과 같은 사항을 고민하면서 간단명료하게 작성해보세요. 처음부터 아이디어가 떠오르는 항목도 있고, 떠오르지 않는 항목도 있을 겁니다. 천천히 생각하면서 구체적인 사업안을 만들어갑니다.

1 스마트스토어 운영 목표
2 타깃 고객과 고객이 진짜 원하는 것
3 상품의 차별점과 고객이 상품을 구매해야만 하는 이유
4 상품 및 운영의 문제점과 해결 방법

5 판매할 상품의 수익성

6 인건비, 관리비, 임대료 등의 비용 구조

이렇게 간단하게나마 사업계획서를 작성하면 온라인 쇼핑몰 세계에 겨우 한발을 들여
놓을 수 있습니다. 앞으로 배워야 할 것들, 해야 할 일들이 훨씬 더 많지만 차근차근 따
라 하다 보면 어느새 높은 매출을 달성하고 있을 겁니다. 지금 당장 사업계획서를 작성
하기가 어렵다면 이 책을 끝까지 읽고 다시 생각해보아도 괜찮습니다.

스마트스토어의 시작, 네이버 쇼핑 알고리즘

01 초보 판매자에게도 성공 기회를 주는 네이버 쇼핑 알고리즘

초보 판매자가 스마트스토어를 선호하는 이유는 다른 오픈마켓들과 달리 유료 광고를 집행하지 않아도 판매하는 상품을 노출할 수 있기 때문입니다. 수십억 개에 달하는 상품과 경쟁해야 하는 온라인 쇼핑 세계에서 내 상품이 고객의 눈에 띄게 만드는 것은 무척 어려운 일입니다. 그것이 가능하기만 하다면 이미 성공한 것이나 다름없지요. 구매 가치가 있는 상품이라는 가정하에 일단 고객에게 발견되면 하나라도 더 판매할 수 있기 때문입니다. 물론 아주 쉽게 된다고는 말할 수 없지만, 여기서 설명하는 검색 알고리즘이나 검색 엔진 최적화 등의 개념을 이해하고 전략을 세우면 충분히 상품 노출을 노려볼 만합니다.

그런데 '검색 알고리즘'이나 '검색 엔진 최적화(SEO)'와 같은 개념들을 잘 모르는 분도 많을 겁니다. 심지어 '검색 상위 노출'과 같이 네이버에서 자주 사용하는 말조차 처음 들어본 분도 있을지 모릅니다. 처음 들어본 말들이라 낯설게 느껴지지만 이해하고 나면 너무 쉬워서 당장이라도 실전에 활용해보고 싶을 겁니다. 차근차근 이해할 수 있도록 설명해보겠습니다.

검색 알고리즘과 검색 엔진 최적화(SEO)

먼저 검색 알고리즘은 사용자가 무언가를 검색했을 때 어떤 결과를 먼저 보여줄지 정하는 일련의 로직입니다. 그렇다면 당연히 기준이 있고, 그 기준에 따라서 정렬해 검색 결과를 보여주겠죠? 네이버 쇼핑에 대입하자면, 소비자가 상품을 찾기 위해 검색했을 때 어떤 상품을 먼저 보여줄지 정하는 것이라고 생각하면 쉽습니다. 그리고 당연히 제일 먼저 나타난 상품이 다른 상품보다 소비자에게 팔릴 확률이 더 높습니다. 네이버 쇼핑에서 말하는 검색 알고리즘, 검색 상위 노출, 검색 엔진 최적화를 간단히 정리해보겠습니다.

- **검색 알고리즘(검색 모델)** | 어떤 상품을 먼저 보여줄지 정하는 로직(기준)
- **검색 상위 노출(검색 노출)** | 상품을 검색하면 최상단 또는 첫 페이지 등 구매자가 비교적 발견하기 쉬운 위치에 다른 상품보다 먼저 나타나는 것
- **검색 엔진 최적화(SEO, Search Engine Optimization)** | 구매자에게 상품을 노출하기 위해 검색 알고리즘이 정한 기준대로 맞추는 작업

예를 들어 운동화를 구매하려고 네이버 쇼핑에서 '운동화'를 검색했다고 가정해보겠습니다. 셀 수 없이 많은 운동화가 판매되고 있으니 그중에서 내가 구매할 운동화 하나를 골라야 합니다. 이때 첫 번째로 나타난 상품을 먼저 살펴보겠죠. 이어서 두 번째, 세 번째 등 순차적으로 상품들을 살펴보고 고르게 될 겁니다. 그런데 오백 번째, 천 번째에 나타난 상품까지 찾아보는 사람도 있을까요? 아마 없을 겁니다. 비교적 앞쪽에 나타난 상품 여러 개를 비교해보고 구매할 상품을 결정합니다. 이러한 구매 패턴을 생각하면 상위 노출이 얼마나 중요한지 알 수 있습니다.

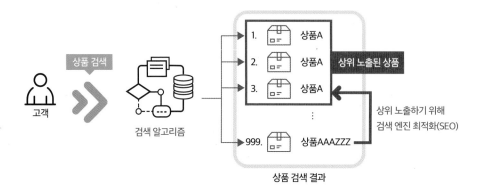

검색 알고리즘과 검색 엔진 최적화(SEO)

▲ 검색 알고리즘과 검색 엔진 최적화(SEO)

상품을 상위에 노출하려면 검색 알고리즘이 정한 기준에 맞춰 검색 엔진 최적화 작업을 해야 합니다. PART 01에서 네이버 쇼핑 검색 모델의 기본 구성 요소인 적합도, 인기도, 신뢰도를 간단히 설명했습니다. 이런 요소들이 어떤 상품을 먼저 보여줄지 정하므로 최대한 이 기준에 맞춰 상품을 등록해야 하는 것입니다. 뒤에서 이 검색 모델의 요소들에 관해 더 자세히 설명하겠습니다.

개인별 맞춤 상품 추천 시스템, 에이아이템즈(AiTEMS)

검색 모델 요소를 자세히 알아보기 전에 한 가지 더 이해해야 하는 개념이 있습니다. 2017년 8월, 네이버 쇼핑은 인공지능을 기반으로 한 개인별 맞춤 상품 추천 시스템을 도입했습니다. 바로 에이아이템즈(AiTEMS)입니다. 에이아이템즈는 인공지능을 뜻하는 AI와 상품을 뜻하는 아이템(items)의 합성어입니다. 이 시스템 덕분에 판매자와 구매자 사이 매칭이 아주 세밀해졌습니다. 결론부터 이야기하자면 이 시스템 덕분에 초보 판매자도 고객에게 상품을 노출하기가 쉬워졌습니다. 무작정 인기 상품만 노출하는 것이 아니라 고객의 취향이나 관심도에 따라 더 적절한 상품을 추천해주는 겁니다.

에이아이템즈는 사용자가 검색한 키워드나 클릭했던 기사, 구매한 상품이나 찜해놓은 상품, 상품 검색 및 클릭 로그 등 사용자의 다양한 쇼핑 관련 활동 데이터를 수집해 이에 일치하는 상품들을 보여줍니다. 기존 온라인 쇼핑몰들은 보통 이미 구매한 상품 정보만이 사용자 활동 데이터였습니다. 구매한 이력이 없다면 사용자 활동 데이터가 없는 것이나 다름없어 맞춤 상품을 추천해주기 어려웠습니다. 또한 구매 이력만으로는 사용자의 취향을 파악하기 어렵기 때문에 한계가 있었던 겁니다. 이를 보완한 것이 바로 에이아이템즈입니다.

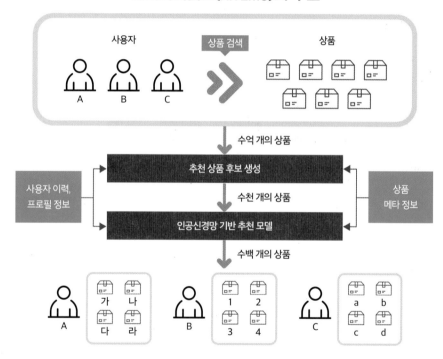

▲ 에이아이템즈(AiTEMS)의 구조

에이아이템즈는 사용자 집합 취향에 대표적으로 맞는 추천 상품 수천 개를 추려냅니다. 그런 다음 쇼핑 관련 사용자 이력과 상품 메타 정보를 반영해 개인별 맞춤 상품을 추천

해줍니다. 이때 상품 메타 정보란 상품명, 상품 이미지, 카테고리, 가격 등 상품과 관련된 모든 정보를 말합니다.

이 시스템 구조에 따르면 같은 상품을 검색하더라도 사용자마다 다른 검색 결과가 나타날 수 있습니다. 이를테면 20대 대학생과 40대 직장인이 똑같이 네이버 쇼핑에 '간식'을 검색하더라도 상품 검색 결과에 서로 다른 간식들이 나타날 수 있습니다. 또는 똑같이 '옷'을 검색하더라도 성별이나 연령대와 같은 기본 정보는 물론, 상품 검색 이력 등 사용자의 관심도까지 반영해 사용자마다 각기 다른 상품 검색 결과를 보여줄 수 있습니다.

▲ PC에서 개인별 맞춤 상품을 추천해주는 에이아이템즈(AiTEMS)

에이아이템즈의 궁극적인 목표는 구매자와 판매자가 폭넓게 매칭되도록 하는 것입니다. 상품의 인지도와 상관없이 상품의 특성을 분석해 사용자의 취향에 맞으면 인기 상품과 동일하게 추천 상품 대상이 됩니다. 소외되는 상품 없이 골고루 노출 기회를 주려는 의미도 담겨 있습니다. 구매자 입장에서는 관심사에 딱 맞는 상품을 찾을 수 있다는 장점이 있고, 판매자 입장에서는 더 많은 상품을 신규 고객에게 소개할 수 있고 재구매 추천을 통해 안정적인 매출을 확보할 수도 있습니다.

▲ 모바일에서 개인별 맞춤 상품을 추천해주는 에이아이템즈(AiTEMS)

초보 판매자에게도 노출 기회가 오는 이유가 여기에 있습니다. 단순히 인기 상품이나 많이 판매된 상품만 먼저 노출해주는 것이 아니라, '개인별 맞춤 상품 추천 시스템'이기 때문에 타깃 고객을 정확히 설정해 상품을 등록한다면 분명 노출 기회가 찾아옵니다. 따라서 에이아이템즈에 대해 명확히 이해한 다음 검색 모델의 요소에 따라 검색 엔진 최적화 과정을 거치는 것이 순서라고 볼 수 있겠습니다.

핵심 콕콕 TIP 에이아이템즈(AiTEMS)와 FOR YOU 랭킹

에이아이템즈는 2017년 8월에 도입한 뒤 지속적인 업데이트를 통해 현재까지 유지되고 있는 시스템입니다. 이와 유사하게 내 선호도에 맞는 상품을 먼저 볼 수 있는 FOR YOU 랭킹 시스템이 2020년 12월 패션 키워드에 한해 베타 서비스 오픈을 발표했습니다. 마찬가지로 인공지능 기반 시스템으로, 이제 막 베타 버전을 오픈한 상황이라 앞으로 또 어떻게 변화할지는 지켜봐야 할 일입니다. NAVER Search & Tech 블로그(https://blog.naver.com/naver_search)에서 이와 같은 다양한 기술 관련 정보를 얻을 수 있으니 자주 참고하세요.

▲ NAVER Search & Tech 블로그(https://blog.naver.com/naver_search)

실시간 쇼핑 트렌드를 파악하는 데이터랩의 쇼핑인사이트

에이아이템즈에 대해 이해했다면 실시간 쇼핑 트렌드도 잘 파악하고 있어야 한다는 사실을 알 수 있습니다. 고객들이 이미 구매한 상품이 아니라 현재 어떤 상품을 주로 찾는지를 알면(고객의 상품 검색 및 클릭 이력) 상품 노출에 대응하기가 더 쉽기 때문입니다. 또한 아직 판매할 아이템을 선정하지 않은 상황이라면 정보를 얻는 데도 많은 도움이 됩니다. 그럼 실시간 쇼핑 트렌드를 파악하는 데 용이한 네이버 데이터랩을 소개해보겠습니다.

네이버 데이터랩(https://datalab.naver.com)에 접속하면 다음과 같이 [데이터랩 홈] 탭이 제일 먼저 나타나고, [쇼핑인사이트] 요약 정보를 확인할 수 있습니다. 제일 먼저 나타나는 것은 [분야별 인기 검색어]인데 카테고리(분야)별로 일간, 주간, 월간 인기 검색어를 확인할 수 있습니다. 이 정보를 통해 고객들이 어떤 상품에 관심을 보이고, 어떤 상품을 찾고 있는지 알 수 있습니다.

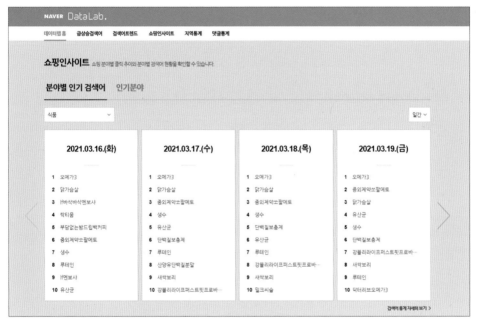

▲ 데이터랩의 [쇼핑인사이트] 요약 정보

상단의 [쇼핑인사이트] 탭을 클릭하면 다음과 같이 분야 통계를 더 상세히 확인할 수 있습니다. 여기서는 식품 카테고리의 통계를 살펴보았는데 [클릭량 추이], [인기검색어], [기기별/성별/연령별 비중]까지 확인할 수 있습니다. 패션의류, 디지털/가전, 가구/인테리어, 스포츠/레저 등 네이버 쇼핑에서 다루는 카테고리는 전부 확인할 수 있습니다.

식품 클릭량 추이 2021.01.01. ~ 2021.01.31.
↓ 조회결과 다운로드

100

50

0

01일   05일   09일   13일   17일   21일   25일   29일
01월   01월   01월   01월   01월   01월   01월   01월

기기별 / 성별 / 연령별 비중 (기간합계) 2021.01.01. ~ 2021.01.31.

PC, 모바일   ≀ 트렌드보기   여성, 남성   ≀ 트렌드보기   연령별   ≀ 트렌드보기

19%
81%

30%
70%

2 1

10대 20대 30대 40대 50대 60대

■ 모바일 ■ PC   ■ 여성 ■ 남성

식품 인기검색어
2021.01.01. ~ 2021.01.31.

TOP 500   1/25 < >

1   오메가3
2   홍삼
3   멀티비타민
4   닭가슴살
5   얼라이브종합비타민
6   쌀20kg
7   고구마
8   유산균
9   꽃송이버섯
10 콜라겐
11 정관장에브리타임
12 새싹보리
13 사과
14 락토핏생유산균골드
15 과메기
16 곶감
17 단백질보충제
18 락토핏
19 생수
20 꼬북칩초코츄러스

▲ [쇼핑인사이트] 탭의 상세한 통계 정보

[쇼핑인사이트] 탭 하단의 [쇼핑분야 트렌드 비교]를 통해 카테고리별 클릭 횟수 추이도 비교해볼 수 있습니다. 여기서는 예시로 식품 카테고리의 최하위 카테고리인 쿠키, 초콜릿, 사탕 카테고리를 비교해보았습니다. [조회결과]를 살펴보니 초콜릿을 주고받는 날로 알려진 밸런타인데이라는 특정 기념일 기준으로 초콜릿 카테고리의 상품을 찾는 고객이 많은 것으로 유추됩니다. 또한 기기, 성별, 연령과 같은 정보에 따른 구분도 가능해 잘만 활용하면 생각보다 많은 정보를 얻을 수 있습니다. 이 외에 직접 검색어를 입력해 검색어별로 비교할 수 있는 [검색어 통계]도 있습니다.

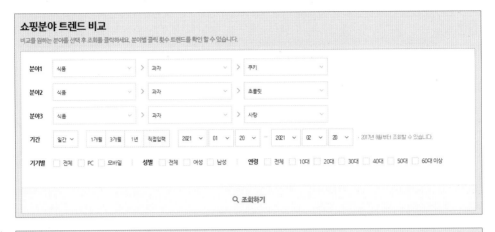

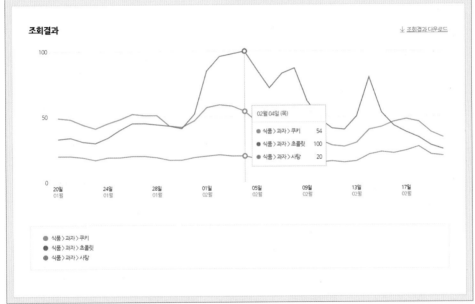

▲ [쇼핑인사이트] 탭 하단의 [쇼핑분야 트렌드 비교]

쇼핑은 트렌드에 굉장히 민감합니다. 트렌드를 놓치는 것은 고객을 놓치는 것과 다름없으니 상품별 타깃 고객의 정보를 적절하게 활용할 수 있어야 합니다. 자주 살펴보면 이 정보들을 통해 판매에 도움이 되는 전략과 타깃 고객을 사로잡을 전략을 세울 수 있으니 반드시 참고하길 바랍니다.

인공지능이 학습하는 네이버 쇼핑의 검색 모델

검색 알고리즘, 검색 엔진 최적화 개념을 이해해야 하는 이유와 에이아이템즈의 원리, 쇼핑 트렌드를 잘 파악하고 있어야 하는 이유까지 살펴보았습니다. 다음으로 살펴볼 것은 인공지능이 학습하는 네이버 쇼핑의 검색 모델 요소입니다. 자세히 설명하기에 앞서 다음 도표를 확인해보겠습니다.

네이버 쇼핑의 검색 모델 요소 반영 알고리즘

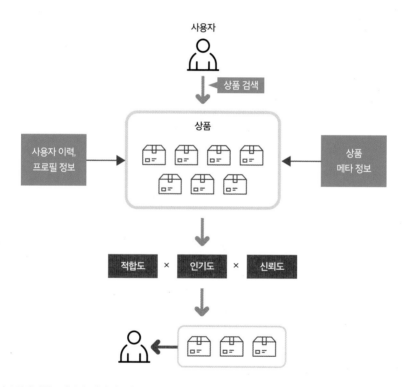

▲ 네이버 쇼핑의 검색 모델 요소 반영 알고리즘

네이버 쇼핑의 검색 모델 요소를 반영한 알고리즘인데 앞서 살펴본 에이아이템즈의 구조보다 훨씬 간단해서 쉽게 이해할 수 있을 겁니다. 이 알고리즘에 따르면 사용자가 상품을 검색할 때 다음과 같은 정보들이 수집됩니다.

- **사용자 이력** | 검색한 키워드, 클릭한 기사, 구매한 상품, 찜해놓은 상품, 상품 검색 및 클릭 로그 등 사용자의 다양한 쇼핑 관련 활동 데이터
- **프로필 정보** | 연령이나 성별 등 사용자 계정이 입력된 기초 정보
- **상품 메타 정보** | 상품명, 이미지, 브랜드, 제조사, 카테고리, 판매처, 속성, 태그, 가격 등 상품 관련 모든 정보

이렇게 수집한 정보와 사용자가 입력한 검색어를 매칭해 상품 목록을 보여줍니다. 이때 수집한 정보들을 최종으로 구분해 상품 노출 순위를 정하는 것이 바로 네이버 쇼핑의 검색 모델인 적합도, 인기도, 신뢰도입니다. 각 구성 요소의 가중치는 매일 인공지능이 상품의 속성과 사용자 로그 등을 학습해 자동으로 업데이트하고 있습니다.

앞서 설명한 에이아이템즈는 타깃 고객을 분석해 상품 선택 전략을 세우는 데 유리했다면, 검색 모델은 판매하는 상품을 타깃 고객에게 정확히 도달하게 하는 데 유리합니다. 예를 들어 사용자 A의 관심사가 다이어트이고, 네이버 쇼핑에서 다이어트 식품을 찾고 있다고 가정해보겠습니다. 이러한 정보는 사용자 이력을 통해 수집되며, 우리는 데이터랩에서 쇼핑 트렌드를 통해 이 사실을 파악할 수 있습니다. 또한 이 사용자뿐만 아니라 관심사가 같은 사용자 집단이 있어 이들을 타깃 고객으로 해 다이어트 식품을 판매하기로 결정했다면, 이제 타깃 고객과 그들이 찾는 상품이 명확하니 타깃 고객이 이 상품을 찾을 수 있도록 상품에 관한 정확한 정보를 제공해야 합니다. 대표적인 것이 상품명입니다. 이것이 바로 이어서 할 검색 엔진 최적화이고, 검색 모델 중 적합도와 신뢰도에 부합하게 만드는 과정입니다.

물론 검색 모델에 적합도나 신뢰도만 있는 것은 아닙니다. 인기도 또한 상품 검색 결과에 많은 영향을 미치는 요소인데, 우리가 관여할 수 있는 부분은 아닙니다. 의도적으로 리뷰수를 늘리기 위해 이벤트를 진행하는 경우도 종종 있지만, 이는 구매평(리뷰) 페널티가 적용될 수도 있으니 주의해야 합니다. 그럼 네이버 쇼핑 검색 모델의 기본 구성 요소를 하나씩 살펴보겠습니다.

네이버 쇼핑 검색 모델의 기본 구성 요소

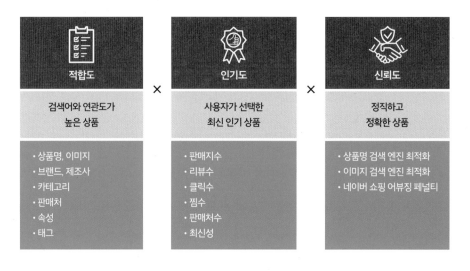

▲ 네이버 쇼핑 검색 모델의 기본 구성 요소

우선 적합도는 사용자가 상품을 찾기 위해 입력한 검색어와 얼마나 연관이 있는지 판단하는 요소입니다. 상품명, 카테고리, 속성 등 상품 정보의 어떤 부분과 연관도가 높은지 산출해 검색 결과에 반영합니다. 예를 들어 검색어가 '나이키 운동화'라면 '나이키'는 브랜드로 인식됩니다. 그러므로 상품명에 '나이키'가 입력된 상품보다 브랜드에 '나이키'가 입력된 상품을 더 먼저 노출해줍니다. 이는 상품의 각 정보를 정확히 입력해야 하는 이유가 됩니다.

인기도는 말 그대로 사용자들에게 얼마나 인기가 많은 상품인지 판단하는 요소이며, 인기가 많은 상품일수록 당연히 먼저 노출해줍니다. 판매지수, 리뷰수, 클릭수, 찜수 등

우리가 흔히 알고 있는 판매 관련 데이터, 사용자의 관심도 표시 데이터 등을 산출해 검색 결과에 반영합니다. 여기에 하나 더 추가하자면 '최신성'이란 부문이 있습니다. 신상품은 사용자들의 이목을 끌기 마련입니다. 이와 같은 점을 반영해 네이버 쇼핑은 신규로 등록한 상품에 추가 점수를 주고 있습니다. 단, 최신성의 추가 점수를 받기 위해 상품을 재등록하면 오히려 페널티를 받을 수 있어 무의미하니 시도하지 마세요.

신뢰도는 네이버 쇼핑의 상품 가이드라인을 얼마나 잘 준수했는지 판단하는 요소입니다. 신뢰도는 특히 상품명 검색 엔진 최적화와 각종 페널티를 받지 않는 것이 중요합니다. 페널티는 판매 실적이나 리뷰를 조작하거나 검색 노출을 위해 상품 정보를 조작하는 등 정당하지 않은 방식으로 판매했을 때 받습니다.

핵심 콕콕 TIP 　상품 검색 엔진 최적화(SEO) 가이드

네이버 쇼핑의 상품 검색 엔진 최적화(SEO)에 관해서는 네이버 쇼핑 입점 및 광고 사이트의 [자주 묻는 질문 FAQ] 게시판에서 더 상세한 내용을 확인할 수 있습니다(https://join.shopping.naver.com/faq/list.nhn?catgCd=H00015).

검색 엔진 최적화(SEO)를 위한 상품 정보 입력 가이드

앞서 설명한 검색 모델의 기본 구성 요소인 적합도, 인기도, 신뢰도를 고려해 최선으로 할 수 있는 일은 상품 정보를 잘 입력하는 것입니다. 상품 정보 중에서도 상품명은 정말 중요합니다. 검색어와 제일 높은 연관성을 갖고 있기도 하고, 지키지 않았을 때 가장 많은 페널티를 받는 요소이기 때문입니다. 최소한 지킬 수 있는 부분은 잘 지켜 검색 노출에서 페널티를 받지 않는 것이 먼저입니다.

스마트스토어센터에서 상품을 등록할 때 [상품명] 아래쪽에 [상품명 검색품질 체크]가 있습니다. [상품명]을 입력하고 [상품명 검색품질 체크]를 클릭하면 상품명이 네이버 가이드라인에 맞춰 입력됐는지 확인할 수 있습니다.

▲ 상품명이 네이버 가이드라인에 맞는지 확인하는 [상품명 검색품질 체크]

[상품명]에 '[무료배송] [당일발송] ★콜라겐★ 오프라인 인기 1위!!! 진짜 진짜 진짜 피부에 좋은 콜라겐'을 입력하고 [상품명 검색품질 체크]를 클릭하면 다음과 같은 [상품명 검색품질 체크] 팝업창이 나타납니다.

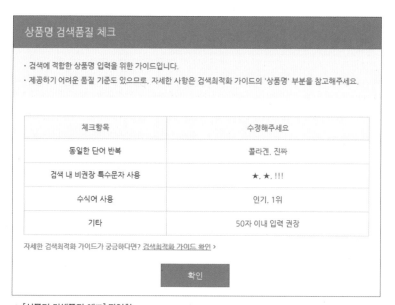

▲ [상품명 검색품질 체크] 팝업창

팝업창을 살펴보면 [체크항목]과 [수정해주세요]가 나타나는데, 동일한 단어 반복이나 검색 내 비권장 특수문자 사용 등 수정해야 할 사항을 알려줍니다. 내가 입력한 상품명에서 여기에 해당하는 부분이 무엇인지도 알려줍니다. 이렇게 확인해서 수정하면 되는데, 기본적으로 몇 가지 지침을 미리 알아두는 것이 좋습니다.

1. 동일한 의미의 단어로 중복 표기하지 않기

2. 동일한 단어 반복하지 않기

3. 50자 이내로 입력하기

4. 특수문자나 기호 사용하지 않기

5. 불필요한 수식어나 홍보 문구 사용하지 않기

6. 이벤트, 쿠폰, 적립, 판매처 정보 입력하지 않기

7. 카테고리별로 단일 상품만 판매하기

동의어나 유의어를 반복하거나 한글 상품명 옆에 영문 상품명을 같이 기재하는 등 동일한 의미의 키워드들을 중복으로 표기하는 경우 어뷰징 처리될 수 있습니다. 따라서 공식적으로 많이 검색되는 키워드를 한글로 정확하게 한 번만 기재합니다. 또한 동일한 키워드를 반복해서 사용하는 경우에도 어뷰징 처리될 수 있으니 주의해야 합니다. 이를테면 '숨 쉬기 좋은 마스크, 비말 마스크'는 '숨 쉬기 좋은 비말 마스크' 정도로 정리하는 편이 더 낫습니다.

상품명은 50자 이내로 입력하라고 권장하고 있습니다. 상품명은 공식적으로 100자까지 입력할 수 있지만 너무 길면 어뷰징 처리될 수 있습니다. 네이버는 불필요하게 긴 정보로 상품명 입력란을 낭비하는 것을 좋아하지 않습니다. 상품명에는 꼭 필요한 상품의 핵심 정보만 알차게 담아 입력해야 합니다.

특수문자와 기호 사용도 자제해야 합니다. 상품명을 돋보이게 하려고 '★', '♥'와 같은 특수문자를 넣어 '★대박 할인★'과 같이 입력하거나 '〈 〉', '※'와 같은 기호를 넣어 '※전 상품 무료 배송'과 같이 입력하면 검색 노출이 어려워질 수 있습니다. 이러한 특수문자 및 기호 사용을 편법으로 보기 때문입니다. 기호는 '( ), [ ], /, &, -, +, ~' 정도만 사용하길 권하고 있습니다.

불필요한 수식어나 메인 키워드 이외의 홍보 문구도 가급적 입력하지 않는 것이 좋습니다. 이를테면 '남자들 사이에서 난리가 난 가성비 최고 면바지'와 같은 상품명은 '면바지' 키워드를 제외한 다른 말은 모두 삭제하는 편이 낫습니다. 그리고 유명 브랜드명이나

인기 유행어 등을 남발하는 것도 스팸성 키워드로 간주해 어뷰징 처리될 수 있으니 주의해야 합니다.

할인이나 이벤트, 쿠폰, 적립 등도 상품명에는 기재하지 말아야 합니다. 별도의 입력란이 있어 상품명에 입력하면 중복 입력으로 처리됩니다. 유사하게 판매자명, 쇼핑몰명, 상호명 등의 판매처도 별도로 노출되니 상품명에는 입력하지 말아야 합니다.

마지막으로 주의할 점은 카테고리 및 유형이 다른 상품을 하나의 상품으로 묶어서 판매하지 말아야 합니다. 이를테면 '아웃도어 가죽텐트 캠핑 면바지'와 같이 카테고리 구분이 모호하게 모든 상품을 한꺼번에 묶어서 팔면 상품의 정체가 잘 파악되지 않습니다. 상품명이 모호하니 당연히 검색 시 페널티를 받을 수밖에 없습니다.

스마트스토어의 핵심, 아이템 선택 전략

01 대박 아이템에 숨어 있는 다섯 가지 비밀

스마트스토어의 성공 여부는 아이템, 즉 판매 상품에서도 많이 갈립니다. 아무리 상품 노출이나 온라인 마케팅을 잘해도 구매 가치가 없는 상품은 판매되지 않습니다. 또한 경쟁 상품과도 잘 비교해봐야 시장 진입이 좀 더 수월합니다. 기본을 잘하는 것이 성공 전략이라 했습니다. 아직 아이템을 고민 중이라면 다음과 같은 사항들도 함께 고려해보 길 바랍니다.

1 키워드 검색량이 많은 상품

2 리뷰와 구매건수가 적은 틈새시장을 노린 상품

3 마진율이 높은 상품

4 HACCP, KC 인증을 받았거나 인증이 필요 없는 제품

5 확실한 차별점이 있는 상품

첫 번째는 키워드 검색량이 많은 상품입니다. 이는 잠재 고객이 많다는 것을 의미합니다. 그러나 잠재 고객이 많아도 시장에 판매 상품이 이미 많으면 무용지물입니다. 검색량과 판매되고 있는 상품수를 잘 비교해 수요 대비 공급이 적은 상품을 찾아내야 합니다.

키워드 검색량을 확인할 수 있는 대표 사이트인 셀러마스터(https://whereispost.com/seller)에 접속하면 키워드를 입력해 검색량과 상품수, 비율을 확인할 수 있습니다. 참고로 비율은 상품수 대비 월간 조회수로 수치가 낮을수록 수요가 많은 상품을 의미합니다. 즉, 비율이 높으면 높을수록 수요 대비 판매 상품이 많다는 의미입니다. 셀러마스터에서는 검색량도 중요하지만 비율이 낮은 상품 위주로 잘 살펴보는 것이 더 중요합니다.

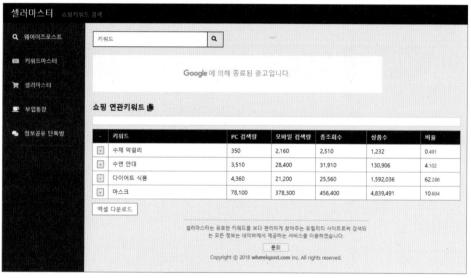

▲ 셀러마스터에서 확인할 수 있는 키워드 검색량 및 상품수

두 번째는 리뷰와 구매건수가 적은 틈새시장을 노린 상품입니다. 리뷰와 구매건수는 키워드 검색량보다 확실한 정보를 제공합니다. 네이버 쇼핑에 상품을 검색해보면 다음과 같이 리뷰와 구매건수가 나타납니다. 리뷰와 구매건수가 압도적으로 높은 상품이 있을 때 비슷한 상품을 판매하면 초보 판매자는 시장 진입 자체가 어려울 수 있습니다. 이 부

분도 잘 고려해 아이템을 선정해야 합니다. 보통 적당히 따라잡을 만한 리뷰와 구매건수는 300~500개 이하입니다.

▲ 네이버 쇼핑에서 검색하면 확인할 수 있는 리뷰와 구매건수

세 번째는 마진율이 높은 상품입니다. 추후 광고나 마케팅 비용까지 고려하면 마진이 3,000원대 이하일 경우 적자를 면하기 어렵습니다. 네이버 쇼핑 검색광고 클릭당 비용이 300원인데 구매 전환율을 10%로 가정하면 상품 하나를 판매하는 데 들어가는 광고비가 3,000원인 셈입니다. 마진이 2,000원이면 1,000원이 적자인 것입니다. 반드시 철저히 계산해서 현실적인 마진을 고려해야 합니다.

순번	제품명	공급대가	포장비	판매가	할인율	할인가	택배비	네이버수수료	정산가		마진		마진율
1	test	10,000	500	12000	5%	11400	3000	7%	₩	13,392	₩	2,892	22%
2	test1	10,000	500	13000	5%	12350	3000	7%	₩	14,276	₩	3,776	26%
3	test2	10,000	500	14000	5%	13300	3000	7%	₩	15,159	₩	4,659	31%
4	test	10,000	500	16000	5%	15200	3000	7%	₩	16,926	₩	6,426	38%
5	test	10,000	500	17000	5%	16150	3000	7%	₩	17,810	₩	7,310	41%
6	test	10,000	500	18000	5%	17100	3000	7%	₩	18,693	₩	8,193	44%

▲ 반드시 계산해야 하는 상품의 마진율

네 번째는 HACCP, KC 인증을 받았거나 인증이 필요 없는 제품입니다. 전자제품이나 식품, 어린이용 제품 등은 HACCP(해썹) 또는 KC 인증이 필수입니다. 처음에 인증부터 받아야 하는 제품이라면 비용과 시간이 많이 소요될 확률이 높습니다. 따라서 별도로 인증 절차를 진행하지 않아도 되는 상품을 선택하는 것이 경제적입니다.

▲ HACCP(해썹) 인증(https://www.haccp.or.kr/site/haccp/sub.do?key=91)

마지막 다섯 번째는 확실한 차별점이 있는 상품입니다. 경쟁 상품과 비교했을 때 내 상품을 선택할 만한 장점이 있어야 하는 것이지요. 이를 구분하는 방법이 모호할 수 있으므로 필자가 추천하는 방법은 경쟁 제품의 부정적 리뷰에서 해답을 찾는 것입니다. 무언가가 불편하다는 등의 고객이 만족하지 못한 부분을 내 상품의 차별화 포인트로 적용해보세요. 경쟁 상품에서 불만족한 고객이 내 상품을 구매할 확률이 높아집니다. 이와 같은 방식으로 제품의 차별점을 계속 만들어가며 업그레이드하는 겁니다. 대박 아이템은 특별한 게 아닙니다. 가까운 곳에서 철저한 시장 조사를 통해 해답을 찾아보세요.

02 다양한 전략으로 판매할 아이템 선정하기

벤치마킹으로 판매할 아이템 선정하기

벤치마킹으로 판매할 아이템을 선정할 예정이라면 네이버 쇼핑의 [베스트100] 페이지를 제일 먼저 살펴보기를 추천합니다. [베스트100] 페이지를 살펴보면 많이 판매되는 인기 상품도 파악할 수 있고, 어떤 상품이 구매자의 마음을 사로잡는지도 분석할 수 있습니다. 이때 판매자의 입장으로도 분석하고, 구매자의 입장으로도 분석해봅니다. 구매자의 입장에서는 쇼핑몰 또는 상품 간 비교 분석이 비교적 쉽습니다. 팔고 싶은 상품이 아니라 사고 싶은 상품을 아이템으로 선정하는 것이죠.

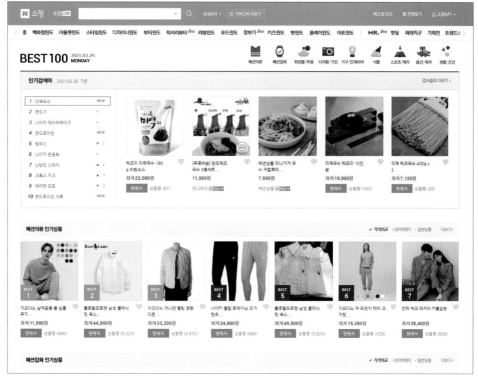

▲ 네이버 쇼핑의 [베스트100] 페이지

네이버 쇼핑 키워드 검색량과 [베스트100] 페이지를 비교해 아이템을 선정할 수도 있습니다. 네이버 쇼핑 키워드 검색량은 앞서 소개한 데이터랩 사이트를 참고합니다. 구매자들이 많이 찾지만 네이버 쇼핑 베스트 순위에는 없는 상품이 있을 수도 있습니다. 구매자들이 많이 찾는 상품은 검색량을 통해 파악할 수 있죠. 물론 그런 상품을 찾기가 쉽지는 않겠지만, 쇼핑 검색 트렌드와 판매 트렌드를 분리해 분석하고 꼼꼼히 비교하면 다른 사람들이 찾지 못한 알짜 아이템을 찾을 수 있을 겁니다.

NOTE 💡 **대한민국 마케팅 최강자의 실전 노하우** 🔍

📋 상품의 대표 이미지, 상세페이지, 리뷰와 Q&A

[베스트100] 페이지에서 상품을 살펴볼 때 반드시 함께 확인해야 하는 세 가지가 있습니다. 바로 상품의 대표 이미지(섬네일), 상세페이지, 리뷰와 Q&A입니다. 상품의 대표 이미지는 구매자에게 상품을 클릭할 것인지 말 것인지 결정하게 합니다. 그리고 상세페이지는 상품에 대한 정보를 전달합니다. 상세페이지에 고객의 니즈를 충족시킬 만한 셀링 포인트가 보기 쉽게 나열되어 있어야 합니다. 상세페이지의 스크롤바를 내릴수록 구매 욕구가 점점 생겨야 하는 것이죠. 마지막으로 리뷰와 Q&A는 구매를 결정하게 하는 가장 핵심적인 요소입니다. 리뷰와 Q&A 게시판을 살펴보면 나의 잠재 고객들이 무엇을 불편해하고, 무엇을 궁금해하며, 판매자에게 주로 무엇을 요구하는지 쉽게 알 수 있습니다. 벤치마킹을 한다면 이 세 가지를 유념해서 살펴보길 바랍니다.

다음으로 살펴볼 것은 중국의 타오바오(https://world.taobao.com)입니다. 온라인 쇼핑몰 판매자들에게는 이미 유명한 곳인데 신박한 아이템을 찾기 위해 많이 방문합니다. 타오바오는 중국의 알리바바 그룹이 운영하는 오픈마켓이고, 말 그대로 '없는 것 빼고 다 있는' 아이템의 천국이라 할 수 있습니다. 가성비와 아이디어가 좋은 상품도 정말 많습니다. 누가 먼저 발견해서 들여오는지의 싸움이 될 수도 있는 시장입니다.

▲ 중국의 타오바오(https://world.taobao.com)

국내 도매 사이트도 많이 둘러보기를 권합니다. 국내 도매 사이트의 인기 상품은 곧 온라인 쇼핑몰의 인기 상품이나 다름없습니다. 다양한 판매처의 상품을 살펴보고 분석하며 감각을 길러나가는 것이 중요합니다.

 NOTE 대한민국 마케팅 최강자의 실전 노하우 🔍

초보 판매자가 고려해야 하는 것

쇼핑몰은 종합 쇼핑몰과 전문 쇼핑몰이 있습니다. 종합 쇼핑몰은 말 그대로 이것저것 판매하는 쇼핑몰이고, 전문 쇼핑몰은 분야를 좁혀 해당하는 제품만 판매하는 쇼핑몰입니다. 초보 판매자는 종합 쇼핑몰로 시작해 판매 상품을 줄여가며 전문 쇼핑몰로 나아가는 게 안전합니다. 또한 리스크 최소화를 위해 처음부터 제조나 총판으로 시작하지 말고 위탁 판매도 고려해보길 바랍니다.

아이템스카우트로 판매할 아이템 선정하기

아이템을 선정할 때 아이템스카우트를 활용할 수 있습니다. 아이템스카우트는 온라인 판매자를 위한 획기적인 아이템 발굴 서비스입니다. 이미 많은 판매자가 이곳에서 신규 아이템을 발굴해 스마트스토어를 파워 등급, 빅파워 등급까지 키웠습니다. 무료 서비스와 유료 서비스 모두 제공하는데, 여기서는 무료로 제공하는 아이템 발굴 서비스를 함께 알아보겠습니다.

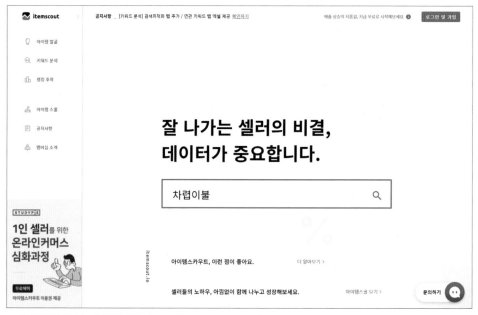

▲ 아이템 발굴 서비스, 아이템스카우트(https://www.itemscout.io)

아이템스카우트에서 왼쪽 상단의 [아이템 발굴] 메뉴를 클릭합니다. 상단의 [카테고리]를 원하는 카테고리로 선택합니다. 여기서는 [생활/건강] 카테고리를 선택했습니다.

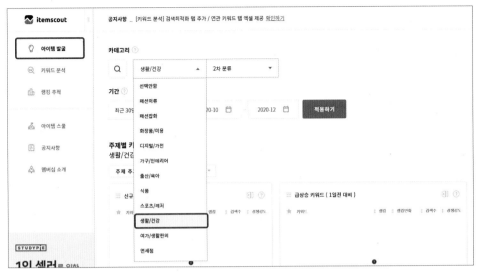

▲ [아이템 발굴] 메뉴의 [카테고리] 선택

[기간]도 임의로 선택합니다. 여기서는 2020년 10월부터 12월까지 3개월로 설정했습니다. 기간을 설정한 후 오른쪽의 [적용하기]를 클릭합니다.

▲ [아이템 발굴] 메뉴의 [기간] 선택

[적용하기]를 클릭한 후 아래로 스크롤바를 내리면 [인기 키워드 Top]을 확인할 수 있습니다. 2020년 4분기는 코로나로 인해 마스크 관련 키워드가 매우 많이 검색되었음을 확인할 수 있습니다. 좀 더 자세히 살펴보겠습니다. 오른쪽에 [경쟁강도]와 광고 관련 항목들(평균 광고클릭수, 광고 클릭 경쟁률, 클릭대비 광고비)이 보입니다. [검색수]가 많으면서 [경쟁강도]가 낮은 상품을 찾아내면 데이터 기반으로 판매가 쉽게 일어나는 아이템을 선정할 수 있습니다.

인기 키워드 Top 731 ⓘ
생활/건강 2020-10 ~ 2020-12

브랜드 제거 | 필터 ▽

☆	↑ 순위	키워드	대표 카테고리	총 검색수	상품수	경쟁강도	평균 광고클릭수	광고 클릭 경쟁율	클릭대비 광고비
☆	1	kf94마스크	먼지차단마스크	2,146,899	195,093	아주좋음 0.27	20,990.1	아주나쁨 9.29	아주좋음 0.00
☆	2	크리스마스트리	데코용품	1,903,299	1,558,228	좋음 2.46	14,504.4	아주나쁨 107.43	아주좋음 0.03
☆	3	강아지옷	티셔츠/후드	549,201	1,643,353	보통 8.98	12,051.0	아주나쁨 136.37	아주좋음 0.05
☆	4	마스크	먼지차단마스크	1,802,100	5,136,733	보통 8.55	9,533.5	아주나쁨 538.81	아주좋음 0.14
☆	5	kf94마스크새부리형	먼지차단마스크	462,000	7,726	아주좋음 0.05	8,496.7	아주좋음 0.91	아주좋음 0.01
☆	6	파티용품	풍선/풍선용품	304,449	7,765,621	아주나쁨 76.52	7,556.1	아주나쁨 1,027.73	아주좋음 0.07
☆	7	크리스마스장식	데코용품	647,250	2,065,188	보통 9.57	6,257.9	아주나쁨 330.01	아주좋음 0.06
☆	8	아에르마스크	먼지차단마스크	650,499	4,628	아주좋음 0.02	5,079.4	아주좋음 0.91	아주좋음 0.10
☆	9	아에르마스크kf94	먼지차단마스크	656,850	2,268	아주좋음 0.01	5,065.8	아주좋음 0.45	아주좋음 0.01
☆	10	할로윈코스튬	의상	312,981	689,841	보통 6.61	5,042.8	아주나쁨 136.80	아주좋음 0.02

▲ [아이템 발굴] 메뉴의 [인기 키워드 Top]

이때 주의할 점은 검색수가 많은 키워드를 찾되, 메인 키워드보다 서브 키워드(한 달 기준 [검색수]가 1,000~10,000건인 키워드. 제품에 따라 다를 수 있음) 위주로 찾은 후 [경쟁강도]가 낮은 것을 찾아야 합니다. 비교적 파워가 약한 서브 키워드를 활용해서 주문이 일어나면 품질지수 상승으로 상품 순위도 오릅니다. 그러므로 잘만 유지하면 메인 키워드에도 노출되는 방식으로 접근할 수 있어 가장 보편적이며 손쉬운 방법으로 통용되고 있습니다.

세부 내용을 확인하기 위해 3위 키워드인 [강아지옷]을 클릭합니다. 클릭하면 [키워드 분석] 메뉴로 바로 이동하며, 이곳에서 [상품수], [한 달 검색수], [검색 비율] 등 키워드에 관한 다양한 정보를 확인할 수 있습니다. 남들이 잘 알려주지 않는 매출이나 판매량, 평균 가격과 같은 고급 정보도 확인할 수 있어 무척 유용합니다.

▲ [키워드 검색] 메뉴의 [개요]

필자가 자주 이용하는 [상품 목록] 탭으로 넘어가보겠습니다. 상단의 [개요] 탭 오른쪽의 [상품 목록] 탭을 클릭합니다. 순위별로 다른 스마트스토어의 일주일간 [판매량]과 [예상매출]을 확인할 수 있습니다. 이 기능을 통해 시장 규모와 상위 노출 시 예상 매출을 대략 확인할 수 있습니다. 초기에 위탁 판매가 아니라 제품 매입을 통해서 판매하는 경우, 재고를 어느 정도 준비해야 하는지 예상할 수 있다는 건 자본금을 합리적으로 사용한다는 면에서 매우 귀중한 정보입니다.

◀ 키워드 분석 메인

강아지옷

개요 | 상품 목록 | 연관 키워드 | 검색최적화

전체 Npay

상품 분석

보기옵션

순위	추적	이미지	상품명	카테고리	판매처	셀러등급	가격	배송비	판매량(7일)	예상매출(7일)	찜	리뷰(전체)	평점	등록	판매처 수
1			동동이네 데일리 티셔츠 강아...	티셔츠/후드	개꿀이냥	빅파워	6,800원	2,500원	860	585 만원	2,227	14,493	4.8	2019.12	1
2			강아지 옷 봄 여름 원피스 애...	티셔츠/후드	DOGNY	파워	4,900원	3,000원	383	188 만원	1,062	2,468	4.7	2020.02	1
3			강아지옷 티셔츠 실내복 스니...	티셔츠/후드	코코마켓 애견...	빅파워	7,800원	0원	274	214 만원	1,877	5,497	4.8	2016.04	1
4			강아지옷 모음 후드티 셔츠 ...	티셔츠/후드	펫뉴업	파워	4,900원	2,500원	110	54 만원	527	451	4.7	2020.10	1
5			스니프 브릭브릭 투스투스 강...	티셔츠/후드	리치독	빅파워	7,500원	0원	107	80 만원	693	2,637	4.8	2016.09	1
6			강아지옷 패리스독 사계절 올...	티셔츠/후드	코코마켓 애견...	빅파워	7,200원	3,000원	93	67 만원	372	1,762	4.8	2017.08	1
7			명품 강아지옷 가디건 소형견...	티셔츠/후드	강아지키우는...	파워	14,800원	3,000원	107	158 만원	440	122	4.8	2020.12	1

▲ [키워드 검색] 메뉴의 [상품 목록]

핵심 콕콕 TIP [판매량], [예상매출], [평점]이 보이지 않을 때

[판매량], [예상매출], [평점]에 [익스텐션] 버튼이 나타나고 내용이 보이지 않는다면, [익스텐션]을 클릭하고 [Chrome에 추가]를 클릭해 확장 프로그램을 설치한 후 아이템스카우트에 회원가입합니다. 지금까지 소개한 모든 내용은 회원 가입이나 다른 절차 없이 확인할 수 있지만, 이 정보는 회원에게만 공개하고 있습니다.

판매량(7일)	예상매출(7일)	찜	리뷰(전체)	평점
익스텐션	익스텐션	2,227	14,478	익스텐션
익스텐션	익스텐션	1,062	2,464	익스텐션
익스텐션	익스텐션	1,877	5,497	익스텐션

▲ [판매량], [예상매출], [평점]이 보이지 않을 때

유료 멤버십에 가입할 경우 [연관 키워드], [검색최적화] 등 더 많은 정보를 확인할 수 있고, 14일 무료 체험도 제공하니 적극 활용해보길 바랍니다.

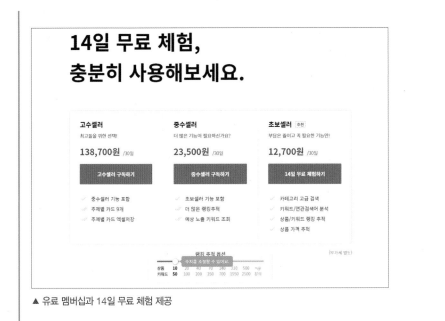

▲ 유료 멤버십과 14일 무료 체험 제공

아이템을 수요가 많은 상품으로 선정하는 것은 상위 노출 못지않게 중요합니다. 사실은 전부라고 할 수도 있습니다. 상위 노출은 스마트스토어를 운영하면서 경험이 쌓이고 공부하다 보면 방법을 찾을 수 있지만, 좋은 아이템 선정은 개선하기가 비교적 어렵기 때문에 처음에 시간을 많이 투자해 고민하는 것이 좋습니다. 다시 이야기하자면 아이템 선정은 곧 상품 노출로 가는 시작점입니다. 이 점을 꼭 기억하세요.

사업 초기에 데이터를 기반으로 꾸준히 분석하다 보면 내가 판매할 수 있는 아이템을 반드시 찾을 수 있습니다. 이때 중요한 것이 '데이터 기반'입니다. '감'에 의존해 머릿속으로 상상만 해보는 경우가 많은데, 이는 실패의 지름길입니다. 요즘은 수많은 사람이 스마트스토어를 시작하고 있으므로 참고할 수 있는 자료가 아주 많습니다. 정보는 이미 충분하니 잘 찾아서 잘 활용하는 똑똑한 판매자가 되길 바랍니다.

📑 스마트스토어 이름은 어떻게 정하는 게 좋을까

판매할 아이템 선정이 끝나면 스마트스토어 이름을 정해야 합니다. 스마트스토어를 개설할 때 스마트스토어 이름을 입력해야 하기 때문입니다. 만약 언제든지 이름을 변경할 수 있다면 나중에 고민하라고 조언할 텐데, 아쉽게도 스마트스토어 이름은 개설 후 딱 한 번만 변경할 수 있고 URL은 변경조차 할 수 없습니다(URL의 경우 스마트스토어 제휴 호스팅 업체의 도메인을 통해 유료로는 변경 가능). 그래서 신중할 수밖에 없는데, 고민 시간을 줄여줄 몇 가지 팁을 소개해보겠습니다. 그래도 절대 다시 정할 수 없는 것은 아니니 이름 정하기에 너무 힘 빼지는 말고 기본 원칙을 알아두는 차원에서 읽어보길 바랍니다. 참고로 스마트스토어 이름은 사업자등록증의 상호 또는 법인명과 같지 않아도 됩니다.

🔲 스마트스토어 정보 입력	● 필수항목
입력한 스토어 정보가 노출되는 위치가 궁금하신가요? 노출위치 확인하기	
스마트스토어 이름 ● ⓘ	1~14자 한글, 영문 대소문자, 숫자 가능
	네이버 검색 시 검색어로도 활용되며, 가입 후 1회 수정 가능합니다.
스마트스토어 URL ● ⓘ	https://smartstore.naver.com/
	2~30자 영문 소문자, 숫자, 특수문자(-, _) 가능
	https://smartstore.naver.com/ 뒤에 사용하실 스토어 고유의 주소이며, 가입 후 수정 불가능합니다.

▲ 스마트스토어 판매자 가입 중 [스마트스토어 정보 입력] 단계

스마트스토어뿐만 아니라 모든 온라인 쇼핑몰 이름에는 몇 가지 기본 원칙이 있습니다. 첫째, 쉬워야 합니다. 둘째, 짧아야 합니다. 셋째, 취급하는 상품과 관련 있는 이름이어야 합니다. 넷째, 영문보다는 한글 이름이 좋습니다. 다섯째, 띄어쓰기가 없는 편이 낫습니다. 여섯째, 특수문자나 기호를 사용하지 않는 편이 좋습니다.

이 가운데 넷째·다섯째·여섯째 원칙은 스마트스토어에서는 특히 더 잘 지켜야 합니다. 그 이유는 검색 때문입니다. 스마트스토어 이름이 영문이거나 이름에 띄어쓰기 또는 특수문자, 기호가 들어 있으면 그렇지 않은 경우보다 검색에 노출되기가 더 어렵거나 고객이 찾기 어려울 수 있습니다. 검색 엔진에서 무언가를 찾을 때 어떤 키워드로 주로 검색하는지 생각해보면 쉽게 이해할 수 있습니다. 한 가지 더 추가하자면 고유명사나 너무 흔한 이름으로

정하는 것도 그다지 추천하지 않습니다. 그 이유도 검색 때문인데, 고유명사나 흔한 이름일 경우 다른 검색 결과에 밀릴 확률이 더 높습니다.

마지막으로 SNS 마케팅을 염두에 두고 이름을 정하면 좋습니다. 인스타그램을 통해 홍보 활동을 펼칠 예정이라면 인스타그램 계정과 연동된 이름으로 정하는 겁니다. 이를 보통 업계에서는 IMC(Integrated Marketing Communication, 통합 마케팅 커뮤니케이션)라고 합니다. 쉽게 말해 고객이 여기저기서 우리 업체를 만났을 때 일관된 느낌을 전달받아야 하는 겁니다. 다양한 채널을 통해 홍보 활동을 펼칠 예정이라면 이름부터 채널의 성격, 전달하는 메시지 등을 통일성 있게 가져가는 것이 좋습니다. 업체 이미지가 일관되게 기억되어야만 홍보 효과가 배가됩니다. 이 점은 꼭 기억하세요.

실패담으로 배우는
스마트스토어 운영 및 판매 전략

❭ 성공담이 아닌 실패담에 주목해야 하는 이유

성공한 사람들의 스토리에 집중하면 남을 따라 하는 것밖에 안 돼 큰 성공을 거두기 어렵습니다. 자신과 비슷한 상황에 놓인 사람들 중 실패를 경험한 사람의 이야기가 오히려 실수를 방지하는 데 큰 도움이 됩니다. 요즘은 너도 나도 스마트스토어에 도전합니다. 그러나 그 많은 사람이 다 성공하는 것은 아니고, 뼈저린 실패를 경험한 사람들도 있습니다. 그들의 경험을 공유하며 더 빠르게 스마트스토어의 성공을 움켜쥘 수 있는 방법을 알아보고자 합니다. 세상의 성공한 사람들 중적어도 한두 번 이상 실패를 경험하지 않은 사람은 거의 없습니다. 그러나 굳이실패한 사람이 누구냐고 묻는다면 필자는 도전하지 않은 사람이라고 말하겠습니다. 이 책을 읽고 있는 여러분은 무언가에 도전할 준비를 하고 있거나 이미 도전해 더 나은 결과를 만들기 위해 노력하고 있는 사람입니다. 그렇기에 당신은 이미반은 성공한 사람입니다.

지금부터 필자가 직접 상담을 진행한 경험을 바탕으로 알게 된 실패담을 소개하면서 여러분은 같은 실수를 반복하지 않도록 안내하고자 합니다. 대략 일곱 가지로 요약되는 이 실패담은 스마트스토어 운영에 분명 큰 도움이 될 것입니다.

① 아이템 신중하게 선정하기

첫 번째 실패의 원인은 의욕적으로 아이템을 먼저 선정하는 경우입니다. PART 02의 CHAPTER 03에서 스마트스토어의 핵심인 아이템 선택 전략을 소개했습니다. 아이템은 단순히 판매하고 싶은 것을 선택하는 게 아닙니다. 시장 데이터를 기반으로 면밀히 분석하고 다양한 조건을 고려해 신중하게 선택해야 원하는 매출을 달성할 수 있습니다. 무엇보다 시장의 수요가 많은 제품군에 자신이 선택한 아이템이 속해야 합니다. 수요가 많은 아이템은 고객에게 조금만 노출되어도 폭발적으로 판매될 수 있기 때문입니다. 물론 블루오션을 노리는 것도 하나의 방법일 수 있습니다. 중요한 점은 감에 의존해 판매할 아이템을 선정하지 말아야 한다는 것입니다. 판매할 수 있는 아이템에 한계를 만들면 안 됩니다.

★	1 순위	키워드	대표 카테고리	키워드 분류	총 검색수	상품수	경쟁강도	평균 광고클릭수	광고 클릭 경쟁률	클릭대비 광고비
☆	1	핵더니엘초콜릿	초콜릿	쇼핑성 70%	32,920	37	아주좋음 0.06	0.0	-	-
☆	52	자이니	초콜릿	쇼핑성 79%	2,010	153	아주좋음 0.08	1.0	아주나쁨 153.06	아주나쁨 210.00
☆	116	자이니뽀로로	초콜릿	쇼핑성 89%	1,040	22	아주좋음 0.02	1.3	좋음 99.97	아주나쁨 109.25
☆	133	킨더조이쥬라기 🅱	초콜릿	쇼핑성&정보성 42% / 58%	1,120	51	아주좋음 0.05	1.4	보통 36.43	아주나쁨 84.29
☆	155	핵더니엘초콜렛	초콜릿	쇼핑성&정보성 52% / 46%	1,320	37	아주좋음 0.03	1.0	보통 37.90	아주나쁨 78.00
☆	173	킷캣캐리어	초콜릿	쇼핑성 79%	630	8	아주좋음 0.01	0.0		
☆	179	일본과자	초콜릿	쇼핑성 90%	9,050	25,972	좋음 2.87	411.6	나쁨 63.10	아주좋음 0.45
☆	188	킷캣트래블	초콜릿	쇼핑성 82%	910	1	아주좋음 0.01	10.0	아주좋음 0.10	아주나쁨 7.90
☆	192	오레오랩콘 🅱	초콜릿	쇼핑성&정보성 52% / 48%	1,250	80	아주좋음 0.06	1.0	아주나쁨 68.00	아주나쁨 454.00
☆	234	코스트코카라멜	초콜릿	쇼핑성 95%	860	1,215	아주좋음 1.41	0.7	아주나쁨 1,726.71	아주나쁨 392.00

▲ 네이버 쇼핑에서 최근 30일 동안 한 달 전에는 없던 검색 키워드로 아이템 발굴(아이템스카우트)

② 타깃 고객 제대로 설정하기

두 번째 실패의 원인은 누구에게 팔 것인지, 구매 고객층(타깃 고객)을 제대로 설정하지 못하는 경우입니다. 타깃 고객은 아주 구체적으로 설정하는 것이 좋습니다. 이를테면 혼자 사는 20대 여성, IT 분야에 관심이 많은 30대 남성, 정장을 입고 출근해야 하는 직장인 등 최대한 구체적일수록 좋습니다. 타깃 고객의 니즈를 파악하기가 쉽고, 그들이 흥미나 관심을 가질 만한 아이템을 내놓을 수 있기 때문입니다. 타깃 고객 설정이 어렵다면 스스로를 타깃 고객으로 생각하면 쉽습니다. 자신이 어떤 집단에 속하는 사람인지 프로필을 작성해보고 좋아하는 것이나 필요한 것은 무엇인지 파악해보는 겁니다. 자신과 비슷한 사람들에게 상품을 판매한다고 가정하면 전략을 세우기가 훨씬 수월합니다. 단, 자신을 타깃 고객으로 설정했다면 비슷한 사람들을 좀 더 취재해 단편적인 오류에 빠지지 않아야 합니다.

③ SNS 연동 마케팅 활용하기

세 번째 실패의 원인은 SNS와 연동을 못 하는 경우입니다. 스마트스토어는 SNS가 영업사원이나 다름없는데, 의외로 이것을 잘 못 하는 사람이 많습니다. 블로그나 인스타그램 등 자신이 다룰 수 있는 온라인 마케팅 채널을 적극적으로 사용해야 합니다. 처음부터 무조건 광고에 비용을 쏟아 붓는 오류를 범해서는 안 됩니다. 광고비를 몇십만 원 쓴다고 해서 매출이 갑자기 늘어나지는 않습니다. 광고 업체가 고객의 매출을 올려주기 위해 아주 큰 노력을 기울이지는 않는다는 것을 명심해야 합니다. 일단 할 수 있는 SNS 마케팅부터 먼저 진행합니다. 부족하다면 인스타그램이나 페이스북 같은 SNS에서 광고를 집행합니다. 최소한의 비용으로 고객을 유입할 수 있으며, 실제 구매로도 이어지게 할 수 있습니다. SNS 연동 온라인 마케팅에 관해서는 PART 04에서 자세히 소개합니다.

④ 마진을 정확히 계산하기

네 번째 실패의 원인은 가격 설정 및 손익 분석을 잘못하는 경우입니다. 보기에는 매출이 발생하지만 실제로는 손해를 보는 경우가 생각보다 많습니다. 물론 전략적으로 마진을 포기할 정도의 가격을 설정해 미끼 상품을 등록하는 경우도 있습니다. 이를 통해 고객을 유입하고 판매지수를 높이는 것입니다. 하지만 대부분의 초보 판매자는 의도한 전략이 아닌 역마진으로 인한 수업료를 내면서 시간이 지나서야 실패 원인을 깨닫게 됩니다. 매입 원가, 쇼핑몰 수수료, 카드 수수료, 부가세, 배송비, 로스 비용 등 가격을 설정하려면 아주 많은 사항을 고려해야 합니다. 무조

▲ 네이버 쇼핑 검색 시 [네이버페이] 탭에 노출되는 상위 40개 상품의 분석 데이터(아이템스카우트)

건 많이 팔면 어느 정도 수익이 남을 것이라 생각하고 박리다매 전략을 세우지만, 현실은 그렇지 않습니다. 매출이 1,000만 원이라도 업종이나 제품 특성에 따라 실수익은 50만 원도 안 되는 경우가 허다합니다. 반면에 같은 양을 팔아도 500만 원을 실수익으로 남기는 경우도 있습니다. 사업 초기에는 좀 더 지혜로울 필요가 있습니다. 일단 시작하는 것도 물론 중요하지만, 시장 조사를 통해 적당한 가격으로 설정하는 방법을 스스로 배우고 마진 구조를 연구해 적용하는 것이 중요합니다.

⑤ 시간을 효율적으로 사용하기

다섯 번째 실패의 원인은 시간을 효율적으로 사용하지 못해 지쳐서 포기하는 경우입니다. 사업 초기에는 모든 일을 혼자서 처리해야 합니다. 인건비도 줄여야 하고 사업 초기에는 모든 일을 경험해보자는 심산이기도 합니다. 이때 가장 중요한 점이 시간을 어떻게 활용해 최고의 성과를 내느냐 하는 것인데, 시간 활용 방법을 잘 몰라 그저 열심히만 하는 사람도 많습니다. 하루에 겨우 4시간 자면서 일하는 것이 정답일까요? 필자는 효율적인 시간 관리 전략에 단순 노동을 줄여주는 여러 도구를 사용하는 것이 정답이라고 말합니다. 스마트스토어 운영 및 마케팅을 도와주는 유용한 프로그램들을 활용하면 소중한 시간을 아낄 수 있습니다. 이 책 곳곳에 소개하고 있는 다양한 서비스를 적극적으로 활용해보길 바랍니다.

⑥ 상표권 알아두기

여섯 번째 실패의 원인은 상표권에 대해 잘 모르는 경우입니다. 우리나라뿐 아니라 해외 역시 판매해도 되는 제품과 안 되는 제품으로 나뉩니다. 예를 들어 덴마크에는 우리가 아주 잘 아는 블록 회사 레고(LEGO)가 있습니다. 한국에서 판매되는 브랜드 상표권은 당연히 레고 본사가 가지고 있으며, 레고를 판매할 수 있는 권한은 총판을 가진 일부 업체뿐입니다. 그런데 블록 회사는 옥스포드, 계몽, 레레 등 미국이나 중국 등 여러 나라에서 레고와 동일한 규격으로 호환되도록 만들어 판매하고 있습니다. 가격은 천차만별이므로 품질 차이가 크지 않다면 저렴한 제품을 구매하고 싶어 하는 고객도 있을 겁니다. 이때 레고와 비슷한 제품의 블록을 수입해 레고 키워드를 붙여 판매한다면 어떻게 될까요? 레고는 국내에서 이미 장난감 블록의 대명사가 된 것 같아 포기할 수 없는 키워드일지 모릅니다. 그러나 레고 정품이 아닌데 레고 키워드를 사용하면 법적으로 문제가 될 수 있습니다. 운이 좋아 발견되지 않고 판매할 수도 있지만, 레고가 많이 팔리는 어린이날이나 크리스마스 시즌에는 어김없이 경고 메일이나 내용증명을 받을 수도 있습니다. 제품을 내리라는 경고로 끝나면 좋지만 그동안 판매한 금액을 모두 반환해야 할 수도 있으니 상표권에 관해서는 확실하게 알아두고 주의해야 합니다.

⑦ KC 인증 알아두기

일곱 번째 실패의 원인은 KC 인증을 받지 않고 판매해서 문제가 되는 경우입니다. 특히 중국에서 값싼 장난감이나 전자제품을 수입할 때는 반드시 KC 인증번호를 제공해야 합니다. KC 인증을 받지 않으면 중국에서 제품을 보내도 인천항이나 평택항에 묶이거나 되돌려보내야 하는 상황이 발생합니다. 아무 제품이나 수입해서 판매할 수 있는 것이 아니므로 잘 확인하고 진행해야 합니다.

스마트스토어를
상위 노출하는
최고의 방법

기본적으로 네이버 쇼핑의 시스템을 이해하고, 스마트스토어를 개설해보거나 아이템을 선정해보는 등 준비 운동은 모두 마쳤습니다. 다음으로 고민해야 할 일은 상품 판매 및 안정적인 운영 방법입니다. 스마트스토어로 개설한 쇼핑몰에 실제로 고객이 찾아오고 상품 판매로도 이어지게 해야 합니다. 이 책에서는 두 가지 방법을 소개합니다. 하나는 네이버와 스마트스토어의 시스템을 활용하는 방법, 또 하나는 SNS 등 외부 플랫폼을 활용하는 방법입니다. PART 03에서는 먼저 네이버와 스마트스토어 시스템을 활용해 실전 상위 노출 전략과 판매 촉진 전략을 세워보고 고객 관리까지 해보겠습니다.

고객이 몰리는
상품 상위 노출 전략

01 상품을 고객에게 연결해주는 키워드와 카테고리 전략

어떻게 해야 고객이 찾아올까

스마트스토어로 쇼핑몰을 개설했다면 실제로 고객이 찾아오고 상품 판매로도 이어지게 해야 합니다. 쇼핑몰에서 어떻게 상품을 구매하는지 한번 떠올려보세요. 일반적으로 구매하려는 상품을 찾으려면 상품명으로 검색하거나 상품이 속한 카테고리를 살펴봅니다. 예를 들어 가방을 구매하려 한다면 '가방'으로 검색하거나 '패션잡화' 카테고리를 살펴봅니다. 패션잡화 카테고리에 가방 이외의 다른 상품이 너무 많이 나타난다면 여성 가방, 남성 가방, 여행용 가방과 같은 하위 카테고리로 더 내려갑니다.

이러한 상품 구매 과정에서 알 수 있는 것은 무엇일까요? 바로 고객이 원하는 상품을 찾을 때 검색 키워드와 카테고리가 무척 중요한 역할을 한다는 것입니다. 고객이 입력한 키워드를 쇼핑몰에 등록된 메타 정보와 연결해 관련 상품을 찾아줍니다. 카테고리는 기준에 따라 비슷한 상품끼리 분류해두어 원하는 상품을 찾기 쉽게 해줍니다. 지금부터 차근차근 알아보겠지만, 키워드와 카테고리만 잘 설정해도 상품을 노출시킬 수 있습니다. 키워드와 카테고리, 이 두 가지를 활용해 상위 노출 전략을 세워보겠습니다. 일명 키워드와 카테고리 전략입니다. 처음부터 광고를 집행하기는 부담스러워 적은 비용으로 매출을 올려야 하는 분들이라면 가장 기본이자 가장 중요한 이 전략을 실천해보길 권합니다.

키워드의 의미와 역할 알아보기

고객이 상품을 찾고 구매하는 과정에서 키워드와 카테고리가 아주 중요한 역할을 한다는 것까지는 이해했습니다. 지금부터 키워드와 카테고리가 무엇이고, 왜 중요한지 알아보겠습니다. 키워드와 카테고리를 활용해 어떤 방식으로 전략을 세워야 하는지에 대해서도 본격적으로 알아봅니다. 참고로 여기서 키워드와 카테고리는 온라인 쇼핑에 한정된 개념으로 설명합니다.

예를 들어 수제청을 선물하기 위해 적당한 상품을 찾는다고 가정해봅니다. 다음과 같이 네이버 쇼핑에서 '수제청 선물세트'를 검색하겠죠. 이때 원하는 상품을 찾기 위해 입력한 이 검색어를 바로 '키워드'라고 합니다. 물론 이 경우에는 고객의 입장에서 정의한 개념입니다. 그렇다면 판매자의 입장에서 정의한 키워드의 의미는 무엇일까요?

▲ 네이버 쇼핑에서 '수제청 선물세트' 키워드로 검색

예시를 이어서 설명해보겠습니다. '수제청 선물세트'를 검색하면 다음과 같이 다양한 수제청 선물세트 상품이 나타납니다. 이때 상품들을 잘 살펴보면 상품명이 저마다 다르게 입력되어 있다는 것을 확인할 수 있습니다. 공통적으로는 '수제청 선물세트'라는 키워드가 포함되어 상품 검색 결과에 나타났다는 것을 알 수 있습니다. 만약 '커피 선물세트'를 검색했다면 어떨까요? 지금과는 확연히 다른 상품 검색 결과가 나타날 겁니다.

▲ '수제청 선물세트' 키워드로 검색한 결과

이처럼 키워드는 고객에게 어떤 상품을 보여줄지 결정할 때 핵심 역할을 합니다. 고객이 검색한 키워드와 판매자가 상품에 입력해둔 키워드를 매칭해 연결해주는 것입니다. 물론 PART 02에서도 설명했듯이 상품의 메타 정보, 사용자 이력 등과 함께 적합도, 인기도, 신뢰도 같은 네이버 쇼핑의 알고리즘을 거쳐 고객에게 보여줄 상품 목록을 구성합니다. 단순히 키워드가 동일하다고 해서 상품이 노출되는 것은 아니지만, 한편으로는 키워드만큼 확실한 것이 없습니다. 상품 목록을 구성할 때 필요한 아주 다양한 판별 요소 중 판매자가 임의로 수정해 검색 결과에 반영되게 할 수 있는 것이 많지 않기 때문입니다. 키워드는 판매자가 직접 선정해 입력할 수 있는 아주 확실한 상위 노출 전략 수단입니다.

정리하자면, 판매자 입장에서 키워드란 상품을 대표하는 정보이자 상품을 고객에게 연결해주는 매개체입니다. 상품 정보에서 키워드가 포함되는 대표적인 곳은 바로 상품명입니다. 상품명에는 이름뿐만 아니라 상품이 무엇으로 구성되어 있는지, 상품을 어떻게 활용할 수 있는지 등 상품 관련 다양한 핵심 정보가 포함됩니다. 이러한 상품 정보는 고객이 상품을 선택할 때 필요한 정보를 제공할 수 있으며, 상품 검색 시에도 중요한 역할을 합니다.

카테고리의 의미와 역할 알아보기

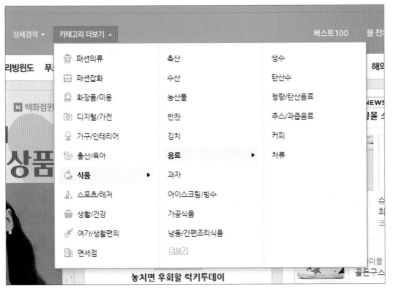

▲ 네이버 쇼핑의 카테고리

키워드 다음으로 중요한 것은 카테고리입니다. 카테고리는 고객이 상품을 찾는 경로 중하나이기도 하지만, 입력한 키워드와 연결해 제대로 된 카테고리를 설정하지 않으면 검색에 노출되지 않기 때문에 굉장히 중요합니다. 네이버 쇼핑은 각 카테고리에 네이버가만든 키워드가 포함되어 있으므로 상품의 키워드와 카테고리에 속한 키워드를 잘 매칭하는 것이 중요합니다.

또한 상품이 어떤 카테고리에 속해 있을 때 고객이 더 선호하는지에 따라서도 상품 노출 여부가 달라질 수 있습니다. 이를테면 동일한 상품이 A와 B 카테고리에 속해 있는데, 상품에 대한 고객의 선호도가 A 카테고리에 있을 때 더 높다면 B 카테고리에서는 잘 노출되지 않을 수 있습니다. 카테고리 설정에 관한 자세한 방법은 이후에 더 알아보겠지만, 키워드부터 카테고리까지 연결되는 전략의 중요성은 지금 이해하고 넘어가도록 합니다.

핵심 콕콕 TIP　　**다양한 키워드와 카테고리로 상품 검색해보기**

지금까지 설명한 것을 바탕으로 네이버 쇼핑에서 다양한 키워드로 검색해 테스트해보세요. 이를테면 앞서 검색한 '수제청 선물세트'와 연결해 '선물용 수제청' 또는 '수제청 답례품', '수제청 세트', '수제청 만들기 세트' 등 다양한 키워드로 검색해보고 같은 결과가 나타나는지 확인해봅니다. 분명 상품 노출 순서가 달라져 '수제청 선물세트'로 검색했을 때와는 다른 결과가 나타날 것입니다. 다른 키워드로도 검색해보고, 여러 카테고리에 속한 상품을 검색했을 때 어떤 카테고리가 메인으로 나타나는지도 확인해봅니다. 이렇게 키워드에 따라 어떤 방식으로 상품 검색 결과가 나타나는지 확인해보면 이후에 키워드 및 카테고리를 선정하는 데도 많은 도움이 됩니다. 먼저 고객의 입장에서 '고객의 경험'을 직접 체험해보길 바랍니다.

키워드와 카테고리 전략이 중요한 이유 이해하기

네이버 쇼핑의 검색 알고리즘을 설명하면서 상위 노출의 중요성을 거듭 강조했습니다. 네이버 쇼핑에서는 수십억 개에 달하는 상품이 판매되고 있습니다. 고객이 상품을 검색하면 네이버 쇼핑의 검색 알고리즘에 따라 상품이 정렬되어 나타납니다. 이때 고객이 검색한 '키워드'가 없으면 이 모든 일련의 과정은 일어나지 않습니다. 물론 요즘은 과거의 구매 이력이나 검색 이력을 바탕으로 스스로 상품을 추천해주기도 하지만, 이는 고객에게 때때로 광고처럼 느껴지기도 합니다. 앞서 살펴본 네이버 쇼핑의 검색 알고리즘을 다시 살펴보겠습니다.

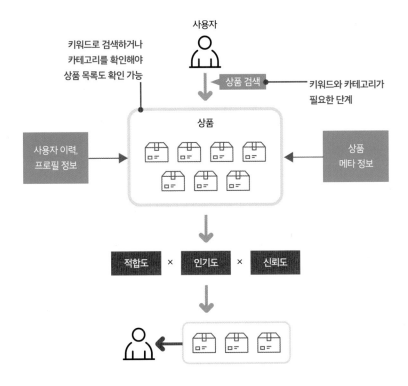

키워드와 카테고리 전략의 이해

사용자

키워드로 검색하거나
카테고리를 확인해야
상품 목록도 확인 가능

상품 검색

키워드와 카테고리가
필요한 단계

사용자 이력,
프로필 정보

상품

상품
메타 정보

적합도 × 인기도 × 신뢰도

▲ 키워드와 카테고리 전략의 이해

기본적으로는 고객이 키워드로 검색하거나 카테고리를 확인해야 상품이 노출됩니다. 특히 키워드는 상품 상위 노출을 결정하는 아주 중요한 요소이며, 다양한 판별 요소 중 판매자가 직접 선정해 입력할 수 있는 확실한 상위 노출 전략 수단입니다. 카테고리 또한 잘못 설정하면 아예 노출되지 않을 수 있어 놓쳐서는 안 되는 중요한 요소입니다. 실제로 인기도에 반영되는 판매지수나 리뷰수, 클릭수, 찜수와 같은 요소는 판매자가 임의로 조정하기 어렵습니다. 상품이 노출되지 않으면 판매는 물론 '클릭'이나 '찜'과 같은 행위가 아예 발생하지 않기 때문입니다. 우리가 실천할 수 있는 방법은 적합도에 반영되는 상품명이나 카테고리를 직접 선정해 노출 전략을 세우고, 신뢰도에 반영되는 검색 엔진 최적화에 최선을 다하는 것뿐입니다. 적합도, 인기도, 신뢰도의 요소가 잘 기억나지 않는다면 074쪽을 참고해 다시 확인해보세요.

키워드와 카테고리 전략이 중요한 이유를 잘 이해했다면 상위 노출은 먼 이야기가 아닙니다. 상품이 판매되려면 고객에게 발견되어야 하고, 고객에게 발견되려면 최대한 고객의 눈에 잘 띄는 곳에 있어야 합니다. 사업 초기에 가장 실수를 많이 하는 것이 키워드나 카테고리를 '마음대로 적당히' 선정하는 것입니다. 전략적이지 않은 키워드와 카테고리 선정은 고객이 상품을 찾지 못하게 합니다. 특히 카테고리를 간과하는 분도 많은데, 거듭 강조했듯이 키워드와 카테고리는 정확히 매칭되어야 합니다. 이제 중요성을 충분히 이해했으리라 생각하고 본격적으로 구체적인 실천 전략을 세워보겠습니다.

NOTE 대한민국 마케팅 최강자의 실전 노하우 🔍

📋 스마트스토어의 상품 등록 및 판매 원칙

네이버는 고객이 쇼핑할 때 정확하고 안전한 상품 정보를 받아보도록 관리하고 있습니다. 따라서 스마트스토어에서는 키워드와 카테고리 전략을 세우는 것도 중요하지만, 상품 등록 및 판매 규칙도 잘 지켜야 하고, 특히 상품명 설정을 유의해야 합니다. 네이버에서 좋은 상품, 좋은 쇼핑몰로 인정받아야 다음 단계인 상위 노출이 훨씬 수월해진다는 것을 기억하세요.

스마트스토어에는 두 가지 원칙이 있습니다. 첫 번째는 상품을 등록할 때 가급적 한 가지 상품만 등록하는 것입니다. 이를테면 상품으로 감자를 등록할 때 고구마나 옥수수는 함께 등록하지 않는 편이 낫습니다. 판매하는 상품의 종류가 다양하면 상품명이 모호해지고, 선택 옵션이 복잡해지며, 상세페이지가 너무 길어지기 때문에 네이버 쇼핑은 이를 지양하고 있습니다.

물론 예외도 있습니다. 같은 품목 내에서 추가 옵션으로는 넣어도 괜찮습니다. 단, 상품명에 크기나 무게, 색상, 생산 연도 등을 작성했을 경우 이를 판매 도중에 변경해서는 안 됩니다. 변경 시 상품 ID 재사용에 해당하며, 적발될 경우 네이버 쇼핑에서 상품이 판매되지 않도록 조치를 취할 수 있습니다. 예를 들어 상품명에서 감자를 고구마로 변경하거나 감자

500g을 1kg으로 변경하는 등의 행위는 모두 상품 ID 재사용에 해당합니다. 다만 앞서 이야기한 대로 상품명을 변경하지 않고 추가 옵션으로 넣는 것까지는 괜찮습니다.

▲ 상품 구매 시 선택할 수 있는 추가 옵션

네이버 쇼핑은 상품명 변경 이력을 보관합니다. 기존에 판매한 상품을 통해 쌓인 판매지수나 리뷰수, 클릭수 등을 활용해 신규 상품을 판매하는 것은 부정 행위로 판단하고 있기 때문에 변경 이력을 관리하는 것입니다. 운이 좋아서 당장은 판매가 지속될지 몰라도 매출이 올랐을 때 갑자기 상품이 삭제되는 뼈아픈 경험을 할 수 있으니 이 부분은 꼭 주의해야 합니다.

두 번째 원칙도 첫 번째와 비슷한 맥락입니다. 바로 네이버 쇼핑의 판매 규칙을 철저히 지켜 상품을 등록하라는 것입니다. 네이버 쇼핑은 상품 중복 등록이나 상품 허위 등록을 금지하고 있습니다. 그뿐만 아니라 고객에게 직거래를 유도하는 등 네이버 쇼핑의 보호를 받기 어렵게 하는 부정 행위를 모두 금지하고 있습니다. 이러한 행위들이 적발되면 네이버의 모든 서비스가 중지될 수 있다는 점을 명심해야 합니다.

02 키워드 선정을 위한 키워드 검색수와 상품수 조회

키워드란 고객이 검색란에 입력하는 핵심 검색어로, 고객에 대한 중요한 정보가 담겨 있습니다. 고객이 어떤 의도로 이 키워드를 사용하는지를 정확하게 파악해야 고객을 사로잡는 전략도 세울 수 있습니다. 스마트스토어의 초기 판매는 상품명, 즉 키워드에서 갈린다고 해도 과언이 아닙니다. 키워드의 종류를 알아보고 키워드 검색량 등 키워드에 관한 정보를 얻는 방법도 살펴보겠습니다.

주제와 검색량에 따른 키워드 종류 알아보기

먼저 키워드는 대표적으로 주제와 검색량에 따라 분류할 수 있습니다. 다음과 같이 주제에 따라 대표 키워드와 세부 키워드, 검색량에 따라 경쟁 키워드와 틈새 키워드로 나눌 수 있습니다. 각 키워드의 특징을 먼저 알아보고 키워드를 적절히 조합해 중요도에 따라 상품명에 입력할 메인 키워드와 서브 키워드를 선정해보겠습니다.

- **주제에 따른 키워드 분류** | 대표 키워드, 세부 키워드
- **검색량에 따른 키워드 분류** | 경쟁 키워드, 틈새 키워드

주제에 따른 키워드 분류는 대표 키워드와 세부 키워드로 나뉩니다. 대표 키워드는 상품 자체를 대표하는 키워드이고, 세부 키워드는 좀 더 세분화된 키워드입니다. 예를 들어 원피스가 대표 키워드라면 민소매 원피스, 꽃무늬 원피스 등이 세부 키워드입니다. 또는 과일청이 대표 키워드라면 딸기청, 레몬청, 자몽청 등이 세부 키워드가 됩니다.
이때 세부 키워드는 '유기농', '가성비 좋은', '선물하기 좋은', '부모님이 좋아하는'과 같은 수식어가 붙기도 하는데, 이 수식어는 명확한 목적을 갖습니다. 그렇기 때문에 세부 키워드를 통해 고객의 의도를 어느 정도 파악할 수도 있는 것입니다. 또한 이러한 세부 키워드는 판매자 입장에서 상품의 장점이나 활용 방법을 전달하는 수단이 되기도 합니다.

(엔게티 수제청) 라즈베리 딸기청 수제 과일청

10,900원

식품 > 음료 > 차류 > 기타차

리뷰 41 (네이버페이 2) · 등록일 2020.04. · ♡ 찜하기 2 · 🔔 신고하기

▲ 대표 키워드와 세부 키워드가 함께 쓰인 상품명

검색량에 따른 키워드 분류는 경쟁 키워드와 틈새 키워드로 나뉩니다. 흔히 경쟁 키워드는 레드 오션 키워드, 틈새 키워드는 블루 오션 키워드라고도 합니다. 경쟁 키워드는 말 그대로 레드 오션이라 경쟁이 무척 심합니다. 고객이 많이 찾는 키워드인 동시에 그만큼 상품이 많은 키워드입니다. 네이버 쇼핑에 등록된 상품이 많으면 처음 진입하는 내 상품은 상대적으로 상위 노출이 더 어렵습니다. 반대로 틈새 키워드는 말 그대로 블루 오션이라 경쟁이 덜합니다. 고객이 많이 찾는 키워드지만 등록된 상품은 적습니다. 틈새 키워드는 아무래도 구매 전환율이 높을 수밖에 없습니다. 고객이 찾는 것에 비해 상대적으로 상품이 많지 않기 때문에 내 상품이 고객의 눈에 띌 확률이 높은 것이지요.

보통 대표 키워드가 경쟁 키워드인 경우가 많고, 세부 키워드일수록 틈새 키워드일 확률이 높습니다. 예를 들어 '다이어트 간식'이라는 키워드보다 '다이어트 간식 젤리'라는 키워드가 좀 더 세분화된 세부 키워드입니다. 실제로 네이버 쇼핑에 검색해보면 '다이어트 간식'은 약 7만 개에 달하고, '다이어트 간식 젤리'는 3,000개 조금 넘습니다. 물론 상품수뿐만 아니라 고객의 검색수도 같이 비교해야 하지만, 단순하게 생각해도 7만 개와 경쟁하는 것보다 3,000개와 경쟁하는 것이 더 수월하리라 예측할 수 있습니다.

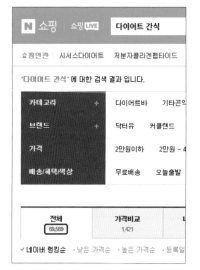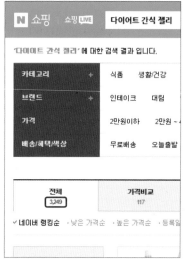

▲ 대표 키워드(경쟁 키워드)와 세부 키워드(틈새 키워드) 비교

경쟁 키워드와 틈새 키워드를 구분하려면 키워드의 검색수와 상품수를 비교해봐야 합니다. 네이버 쇼핑에서 검색했을 때 상품수가 상대적으로 적은 편이더라도 틈새 키워드라고 단정할 수는 없습니다. 상품수가 적다는 것은 곧 고객들이 많이 찾지 않는 상품이라는 것을 의미할 수도 있기 때문입니다. 키워드의 검색수와 상품수를 비교하는 방법을 알아보겠습니다.

자동완성 키워드와 쇼핑연관 키워드로 틈새 키워드 찾기

초보 판매자라면 처음부터 레드 오션에서 경쟁 키워드로 피 튀기며 싸울 것이 아니라 상대적으로 경쟁이 덜한 블루 오션에서 틈새 키워드로 시작하는 게 좋습니다. 그렇다고 마냥 틈새 키워드만 찾는 것은 좋은 방법이 아닙니다. 경쟁 키워드가 무엇인지를 먼저 파악한 후 틈새 키워드를 도출해내야 합니다.

PART 02에서 소개한 네이버 데이터랩(https://datalab.naver.com)에 접속하면 [쇼핑인사이트]의 요약 정보를 통해 현재의 대표 경쟁 키워드들을 확인할 수 있습니다. 네이버 데이터랩은 실시간 쇼핑 트렌드를 파악하는 데 유용하며, 고객들이 이미 구매한 상품이 아니라 현재 어떤 상품을 주로 찾는지 파악할 수 있게 해줍니다. 보통 이러한 인기 검색어가 경쟁 키워드인 경우가 많습니다. 여기서 경쟁 키워드를 확인한 후 이 키워드를 중심으로 틈새 키워드로 확장해나갑니다.

분야별 인기 검색어 인기분야			
식품 ⌄			일간 ⌄
2021.04.28.(수)	**2021.04.29.(목)**	**2021.04.30.(금)**	**2021.05.01.(토)**
1 닭가슴살	1 맛남의광장전복	1 닭가슴살	1 쌀20kg
2 쌀20kg	2 전복	2 쌀20kg	2 파비플로라
3 생수	3 닭가슴살	3 산양유단백질분말	3 닭가슴살
4 단백질보충제	4 새싹보리	4 단백질보충제	4 폴리크사놀
5 정관장에브리타임	5 생수	5 생수	5 맛남의광장전복
6 콜라겐	6 쌀20kg	6 오메가3	6 정관장에브리타임
7 산양유단백질분말	7 알티지오메가3	7 티엔티엘프로폴리스	7 장어
8 유산균	8 단백질보충제	8 콜라겐	8 생수
9 티엔티엘프로폴리스	9 오메가3	9 유산균	9 전복
10 오메가3	10 산양유단백질분말	10 정관장에브리타임	10 오메가3

▲ 데이터랩의 [쇼핑인사이트] 요약 정보

틈새 키워드를 잘 선정하려면 내가 판매하는 상품의 연관 키워드를 최대한 정밀하게 분석하고 선택하는 것이 좋습니다. 틈새 키워드는 연관 키워드에서 전부 찾을 수 있다고 해도 과언이 아닙니다. 연관 키워드를 찾는 아주 쉬운 방법부터 소개하자면, 네이버 쇼핑의 검색란에 입력해보는 것입니다. 네이버 쇼핑의 검색란은 네이버 검색 엔진의 검색란과 동일해서 키워드를 입력하면 자동완성으로 검색어를 추천해주고, 검색 시 쇼핑연관 키워드도 보여줍니다.

다음과 같이 검색란에 '음료'만 입력해도 '음료수 냉장고', '이온음료', '단백질음료'와 같이 자동완성 키워드를 보여줍니다. 이러한 자동완성 키워드를 통해서는 '음료'가 포함된 키워드를 검색했을 때 다른 사람들이 주로 어떤 단어와 함께 검색하는지 알 수 있습니다.

▲ 네이버 쇼핑 검색란에 '음료'를 입력하면 나타나는 자동완성 키워드

입력한 '음료' 키워드를 검색해보면 다음과 같이 검색란 아래쪽에 쇼핑연관 키워드가 나타나는 것을 확인할 수 있습니다. 쇼핑연관 키워드는 이 키워드로 검색한 사람들이 어떤 키워드로 추가 검색했는지 알려줍니다.

▲ 네이버 쇼핑에 '음료'를 검색하면 나타나는 쇼핑연관 키워드

이처럼 자동완성 키워드나 쇼핑연관 키워드를 확인해보면 고객이 주로 어떤 키워드를 조합해 상품을 검색하고, 추가로 어떤 상품에 더 관심을 보이는지 알 수 있습니다. 물론 이것만으로는 많이 부족합니다. 하나의 키워드에 대한 정확한 검색수를 알 수 없고, 상품수 또한 일일이 검색해서 비교하는 것은 매우 비효율적이기 때문입니다. 이때 PART

02에서 쇼핑 트렌드를 파악하거나 아이템을 선정할 때 사용한 검색량 조회 서비스들을 활용하면 손쉽게 비교할 수 있고, 유효 키워드도 선정할 수 있습니다.

네이버 검색광고의 키워드 도구로 키워드 검색수 확인하기

먼저 네이버에서 검색되는 키워드의 검색수, 클릭수 등을 확인할 수 있는 서비스를 살펴보겠습니다. 네이버 검색광고(https://searchad.naver.com)에 접속해 오른쪽의 [키워드 도구]를 클릭합니다.

▲ 네이버 검색광고의 키워드 도구

키워드 및 연관 키워드의 검색수, 클릭수 등을 확인할 수 있는 페이지가 나타납니다. 다만 쇼핑 키워드에 한정된 것이 아니라서 전반적인 트렌드 키워드를 파악하는 데는 유용하지만, 정확한 쇼핑 트렌드라고 하기는 어려우니 상품수를 확인할 수 있는 서비스와 함께 이용하는 것이 좋습니다. 그래도 여기서 의외로 유용한 키워드를 많이 추출할 수 있습니다. 또한 네이버에서 상품을 판매하는 사람이라면 나중에 광고와도 연계할 수 있어 반드시 알아두어야 하는 서비스입니다.

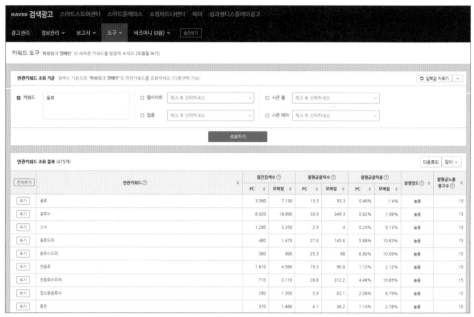

▲ 네이버 검색광고의 키워드 도구에서 '음료' 키워드를 조회한 결과

오른쪽 상단의 [키워드]에 '음료' 키워드를 입력하고 [조회하기]를 클릭합니다. '음료' 키워드를 검색했는데 연관 검색어로 '피시방음식', '길거리음식', '음료자판기'와 같은 키워드도 나타납니다. 온라인 쇼핑몰에서 음료 상품을 검색하는 사람들이 어떤 목적으로 구매하려는지 유추할 수 있습니다. 단순히 음료의 상품명만 나열하는 것이 아니라 이와 같이 목적성 있는 세부 키워드를 연관 키워드로 함께 작성하면 상품 노출 확률이 더 높아집니다. 그뿐만 아니라 라면이나 간식과 같은 키워드도 연관 키워드로 나타납니다. 음료 상품을 구매하는 고객들이 어떤 상품을 추가로 검색해 구매하는지도 짐작해볼 수 있습니다.

셀러마스터로 키워드 검색수와 상품수 비교하기

검색수뿐만 아니라 상품수까지 함께 확인할 수 있는 서비스를 살펴보겠습니다. 셀러마스터(https://whereispost.com/seller)에 접속하면 마찬가지로 키워드를 조회해 검색수와 상품수를 확인할 수 있습니다. 확인하는 방법은 아이템 선정할 때와 같습니다. 검색수 대비 상품수가 적은 키워드들을 찾는 겁니다. 앞서 소개한 네이버 검색광고의 키워드 도구는 쇼핑에 한정된 키워드가 아니라서 상품수가 나타나지 않으므로 셀러마스터를 함께 활용하면 좋습니다. 키워드 도구로 키워드의 연관 검색어, 검색수, 클릭수 등을 확인하고 셀러마스터로 상품수를 확인하는 겁니다.

▲ 셀러마스터에서 '음료' 키워드와 연관 키워드를 조회한 결과

또한 네이버 검색광고의 키워드 도구와 셀러마스터는 데이터를 엑셀 파일로 다운로드할 수 있습니다. 엑셀 파일로 다운로드해 데이터를 모으고 키워드 추출에 나만의 기초 데이터로 활용해보세요.

	A	B	C	D	E
1	연관키워드	월간검색수(PC)	월간검색수(모바일)	월평균클릭수(PC)	월평균클릭수(모바일)
2	코카콜라	22,200	69,500	23.1	408
3	탄산수	13,500	88,200	22.1	566.5
4	포카리스웨트	5,970	36,500	7.3	265
5	음료수	5,850	18,700	32.2	332.9
6	쥬스박스	5,420	21,800	22.3	28.2
7	콜라	4,760	20,500	13	281.5
8	코카콜라제로	4,710	21,300	5.9	19.5
9	스프라이트	4,020	15,600	3.5	14.5
10	토닉워터	4,020	26,800	2.5	3

▲ 네이버 검색 광고의 키워드 도구와 셀러마스터의 데이터를 엑셀 파일로 다운로드해 활용

아이템스카우트로 키워드 검색수와 상품수 비교하기

마지막으로 살펴볼 서비스는 아이템스카우트(https://www.itemscout.io)입니다. 아이템스카우트는 아이템 선정은 물론 키워드 선정에도 유용하며, 셀러마스터보다 좀 더 다양한 정보를 얻을 수 있습니다. 아이템을 선정할 때와 동일하게 [아이템 발굴]에서 카테고리를 지정하고 스크롤바를 아래로 내리면 하단에서 인기 키워드를 확인할 수 있습니다.

핵심 콕콕 TIP · 아이템스카우트 활용하기

PART 02에서 아이템을 선정할 때 아이템스카우트(https://www.itemscout.io)를 활용했습니다. 잘 기억이 나지 않는다면 086쪽을 참고합니다.

인기 키워드 Top 500 ⓘ
음료 최근 30일

브랜드 제거 · 필터 ▾

★	↑ 순위	키워드	대표 카테고리	키워드 분류	총 검색수	상품수	경쟁강도	평균 광고클릭수	광고 클릭 경쟁률	클릭대비 광고비
☆	1	생수	생수	쇼핑성 92%	139,500	212,662	아주좋음 1.52	955.8	아주나쁨 222.50	보통 1.86
☆	2	탄산수	탄산수	쇼핑성 92%	101,400	88,983	아주좋음 0.88	581.6	아주나쁨 153.00	나쁨 3.34
☆	3	맥심모카골드 B	커피믹스/인스턴트커피	쇼핑성 92%	53,880	59,783	아주좋음 1.11	1,133.5	나쁨 52.74	아주좋음 0.36
☆	4	콤부차	기타차	쇼핑성 92%	188,000	14,105	아주좋음 0.08	3,047.0	아주좋음 4.63	좋음 0.57
☆	5	네스프레소캡슐 B	캡슐커피	쇼핑성 79%	148,000	99,185	아주좋음 0.67	2,529.8	보통 39.21	아주좋음 0.31
☆	6	빅토리아탄산수 B	탄산수	쇼핑성 79%	66,000	2,349	아주좋음 0.04	94.0	보통 24.99	나쁨 3.53
☆	7	일리캡슐 B	캡슐커피	쇼핑성 79%	85,500	21,447	아주좋음 0.25	1,392.2	좋음 15.41	좋음 0.77
☆	8	생수2l	생수	쇼핑성 79%	33,890	36,894	아주좋음 1.09	513.5	나쁨 71.85	아주좋음 0.14
☆	9	돌체구스토캡슐 B	캡슐커피	쇼핑성 95%	71,950	35,892	아주좋음 0.50	823.1	나쁨 43.61	보통 1.00
☆	10	카누 B	커피믹스/인스턴트커피	쇼핑성 92%	69,900	162,888	좋음 2.33	672.5	아주나쁨 242.21	좋음 0.75
☆	11	맥심화이트골드 B	커피믹스/인스턴트커피	쇼핑성 92%	28,000	26,078	아주좋음 0.93	564.0	나쁨 46.24	좋음 0.71
☆	12	제로콜라	콜라	쇼핑성 98%	53,670	18,450	아주좋음 0.34	39.7	아주나쁨 464.74	아주나쁨 8.61

▲ 아이템스카우트에서 확인할 수 있는 '음료' 카테고리의 인기 키워드

인기 키워드 중 두 번째에 있는 '탄산수'를 클릭하면 다음과 같이 오른쪽에 [연관 키워드]가 나타납니다. 자세히 살펴보겠습니다.

▲ '음료' 카테고리의 '탄산수' 키워드 관련 정보

각 키워드의 검색수와 상품수를 비교해 확인할 수 있습니다. 하단의 [더보기]를 클릭하면 [키워드 분석] 메뉴의 [연관 키워드]를 확인할 수 있지만, 아이템스카우트의 초보 셀러 회원만 확인할 수 있는 유료 서비스입니다. 유료 결제가 부담된다면 14일 무료 체험 서비스가 있으니 상품 등록 시에만 잠시 활용해보는 것도 좋습니다.

연관 키워드

키워드	검색수	상품수
탄산수 정수기	1,490	814
방앗간청년	16,770	100
삼다수500ml	29,380	5,918
삼다수2l	41,070	5,388
네스프레소디카...	6,350	3,780
맥심모카골드	53,880	59,783
콤부차	188,000	14,105
페리에 탄산수	4,830	4,364

더보기

'탄산수' 키워드의 연관 키워드 ▶

📑 간단하게 활용하는 키워드 선정 방법

지금까지 소개한 모든 방식을 동원해 상품 관련 키워드 100개를 선정하고 정리해봅니다. 앞서 소개했듯이 엑셀 파일로 다운로드해 정리하면 편리합니다. 그리고 첫 번째 키워드부터 네이버 쇼핑에 검색해 나타나는 카테고리를 입력해두고 동일한 카테고리끼리 묶습니다. 상품 판매 타깃의 연령이나 성별, 현재의 트렌드나 계절 등도 함께 고려합니다. 아마 서너 개의 그룹이 나올 겁니다. 그룹별로 가장 중요한 키워드를 메인 키워드로 선정해 상품명을 입력하고, 남은 키워드는 해시태그로 활용합니다. 이 단계까지 무난하게 진행했다면 키워드에 따라 추가 옵션은 어떻게 조합하는 게 좋을지 전략도 세워봅니다. 간단하게 설명했지만, 앞으로 상품마다 해나갈 단계입니다. 이러한 키워드 설정 단계가 익숙하면 어떤 상품도 자신 있게 시장에 진입시킬 수 있습니다.

03 직접 실천해보는 실전 키워드와 카테고리 전략

온라인 쇼핑 초창기에는 키워드만 적당히 선정하면 대부분 상품 노출이 잘되었습니다. 물론 키워드를 잘 선정하는 것도 중요합니다. 그런데 지금은 입력한 키워드와 연결해 제대로 된 카테고리를 설정하지 않으면 아예 상품 검색 노출에서 제외되고 있어 카테고리도 키워드 못지않게 중요해졌습니다. 이제는 이 비밀을 깨달은 판매자들이 너도 나도 상품 등록에 활용하고 있습니다. 선택이 아닌 필수가 된 키워드와 카테고리 전략, 상품의 유효 키워드를 선정하고 키워드에 맞는 정확한 카테고리를 선정해 상위 노출에 한 걸음 더 가까워질 수 있도록 합니다. 키워드와 카테고리 전략에 대해 본격적으로 알아보겠습니다.

메인 키워드와 서브 키워드 선정하기

'펭귄얼음깨기'라는 보드게임을 판매하기로 결정했다고 가정하고 메인 키워드와 서브 키워드를 선정해보겠습니다. 네이버 검색광고의 키워드 도구에서 [키워드]에 '펭귄얼음깨기'와 '보드게임' 키워드를 입력한 후 [조회하기]를 클릭합니다. 다양한 연관 키워드가 나타납니다.

연관키워드 조회 기준 원하는 기준으로 '파워링크 캠페인'의 연관키워드를 조회하세요.(다중선택 가능)

☑ 키워드	펭귄얼음깨기 보드게임	☐ 웹사이트	체크 후 선택하세요 ⌄	☐ 시즌 월
		☐ 업종	체크 후 선택하세요 ⌄	☐ 시즌 테마

조회하기

연관키워드 조회 결과 (657개)

전체추가	연관키워드 ⑦	⇅	월간검색수 ⑦	
			PC ⇅	모바일 ⇅
추가	보드게임		15,900	78,900
추가	펭귄얼음깨기		710	5,080

▲ 네이버 검색광고의 키워드 도구에서 '펭귄얼음깨기', '보드게임' 키워드를 조회한 결과

다양한 연관 키워드 중 검색수와 클릭수를 고려해 다음과 같이 메인 키워드와 서브 키워드를 선정합니다. 참고로 연관 키워드에는 다른 보드게임도 많이 나타나는데, 우선 펭귄얼음깨기 보드게임 한 가지만 판매하는 것으로 가정하고 다른 보드게임 키워드는 제외합니다. 이렇게 키워드를 선정하고 나면 앞서 설명한 대로 각 키워드를 대표 키워

드, 세부 키워드, 경쟁 키워드, 틈새 키워드로 구분해볼 수도 있을 것입니다.

- **상품명** | 펭귄얼음깨기 보드게임
- **메인 키워드** | 펭귄얼음깨기, 보드게임
- **서브 키워드** | 펭귄게임, 얼음깨기게임, 얼음게임, 펭귄보드게임, 미니게임, 보드게임추천, 초등학생보드게임, 유아보드게임, 아동보드게임

상품 검색 결과 확인하고 상품명 입력하기

이렇게 선정한 여러 키워드를 네이버 쇼핑에 직접 검색해봅니다. 선정한 키워드를 무작정 상품명에 적용하는 것이 아닙니다. 각 키워드가 어떤 상품 검색 결과를 보여주는지 확인하는 작업이 반드시 필요합니다. 다양한 키워드로 최대한 많이 검색해볼수록 좋습니다.

실제로 검색해보니 '펭귄트랩' 또는 '대형'과 같이 네이버 검색광고의 키워드 도구에는 나타나지 않았던 키워드도 보입니다. 상품명에 입력된 다양한 키워드를 체크하고 자주 나타나는 키워드는 추가로 입력해둡니다.

▲ '펭귄얼음깨기', '보드게임', '펭귄게임', '펭귄보드대형' 키워드로 검색한 결과

이렇게 검색하다 보면 모든 키워드를 다 넣고 싶은 욕심이 생기기 마련입니다. 아마 판매자의 마음은 다 똑같을 겁니다. 고객이 어떤 키워드로 검색하더라도 내가 판매하는 상품이 나타나길 바라는 마음입니다. 그런데 과연 메인 키워드에 서브 키워드, 추가 키워드까지 상품명에 다 넣는 것이 도움이 될까요? 직접 확인해보겠습니다. 스마트스토어센터에서 [상품명]에 키워드를 조합해 '펭귄얼음깨기 대형 펭귄트랩 얼음깨기 얼음게임 펭귄보드게임 초등학생보드게임 아동보드게임 보드게임추천'을 입력하고 [상품명 검색품질 체크]를 클릭합니다.

▲ 스마트스토어센터에서 [상품명]에 키워드를 조합해 입력

검색 엔진 최적화를 위한 상품 정보 입력 가이드에 관해서는 이미 자세히 설명했습니다. 잘 기억나지 않는다면 075쪽을 참고해 다시 한번 확인하길 바랍니다.

다음과 같이 [상품명 검색품질 체크] 팝업창이 나타나고 수정해야 하는 키워드와 이유를 안내해줍니다. 검색 시 상품이 잘 노출되게 하려면 이와 같은 수정 가이드도 잘 따라야 합니다.

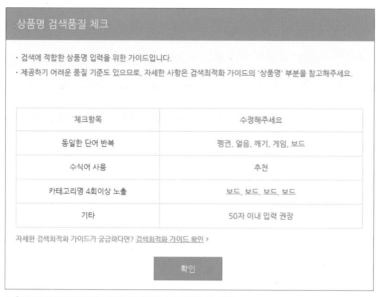

상품명 검색품질 체크

· 검색에 적합한 상품명 입력을 위한 가이드입니다.
· 제공하기 어려운 품질 기준도 있으므로, 자세한 사항은 검색최적화 가이드의 '상품명' 부분을 참고해주세요.

체크항목	수정해주세요
동일한 단어 반복	펭귄, 얼음, 깨기, 게임, 보드
수식어 사용	추천
카테고리명 4회이상 노출	보드, 보드, 보드, 보드
기타	50자 이내 입력 권장

자세한 검색최적화 가이드가 궁금하다면? 검색최적화 가이드 확인 ›

확인

▲ [상품명 검색품질 체크] 팝업창에 나타난 수정 키워드와 이유

온라인 쇼핑 초창기에는 각종 키워드를 최대한 많이 넣어놓고 하나라도 검색되기를 기다리는 것이 가능했습니다. 물론 지금도 이 방법이 가능한 온라인 쇼핑몰이 있을 수 있지만, 대부분은 불가능하다고 보아야 합니다. 네이버 쇼핑뿐만 아니라 오픈마켓이나 대형 소셜 커머스에서도 상품명에 키워드 제한을 두고 있습니다. 이 점을 유의해서 상품명을 입력해야 합니다.

키워드에 맞는 적절한 카테고리 선정하기

키워드는 앞서 소개한 네이버 검색광고의 키워드 도구, 셀러마스터, 아이템스카우트를 활용하면 누구나 충분히 유효한 키워드를 선정할 수 있습니다. 여기서 소개한 서비스

외에도 스마트스토어 초보 판매자를 위한 서비스가 많습니다. 또한 스마트스토어센터에서 상품명 품질도 체크해주니 크게 걱정할 것 없습니다. 사실 키워드보다 훨씬 중요한 것이 카테고리 선정입니다.

▲ 스마트스토어센터의 [카테고리] 입력란

펭귄얼음깨기 보드게임 상품이 속한 카테고리를 살펴보겠습니다. 네이버 쇼핑에서 관련 키워드로 검색해보면 다음과 같이 상품 검색 결과가 나타납니다.

▲ '펭귄얼음깨기' 키워드의 상품 검색 결과

상품이 [생활/건강 > 수집품 > 게임 > 보드게임] 카테고리에 속한 것을 확인할 수 있

습니다. 다른 카테고리에 속한 상품은 찾기 어렵습니다. 그런데 왜 [생활/건강 > 수집
품 > 게임 > 보드게임] 카테고리만 나타날까요? 어쩌면 [출산/육아 > 교구 > 학습보
드게임] 카테고리가 좀 더 어울린다거나 다른 카테고리가 더 어울린다고 생각하는 사람
도 있을 것입니다.

실제로 스마트스토어센터에서 [카테고리명 검색]에 '보드게임'이나 '퍼즐'을 입력해보면
유사한 카테고리가 꽤 많이 나타납니다. 상품을 처음 등록하는 초보 판매자는 어떤 카
테고리에 상품을 등록해야 할지 헷갈리기 쉽습니다.

▲ 스마트스토어의 카테고리 입력 시 [카테고리명 검색]

오픈마켓이나 일반 쇼핑몰은 아직 카테고리와 상관없이 키워드만 잘 선정해도 상위 노
출이 가능한 곳이 많습니다. 그러나 네이버 쇼핑은 각 카테고리에 네이버가 만든 키워
드가 포함되어 있고, 상품별 카테고리가 정확히 정해진 것 같습니다. 따라서 상품의 키
워드와 카테고리의 키워드를 잘 매칭하는 것이 중요한데, 명확한 가이드가 없어 꽤 어
렵습니다.

이런 상황에서는 무조건 직접 상품을 검색해 상품이 속한 카테고리를 확인하거나 카테
고리 자체를 직접 확인해 어떤 상품들이 속해 있는지 확인하는 방법밖에 없습니다. 펭
귄얼음깨기 보드게임의 경우 검색 시 [생활/건강 > 수집품 > 게임 > 보드게임] 카테

고리에 속한 상품이 노출되었습니다. 그렇기 때문에 내가 이 상품을 판매할 때 다른 카테고리를 선정한다면 상품이 노출되지 않을 확률이 높다는 것을 알 수 있습니다.

 핵심 콕콕 TIP | 네이버 쇼핑의 카테고리 확인하기

네이버 쇼핑의 카테고리는 무척 다양합니다. 스마트스토어센터에서 [카테고리] 입력란의 [카테고리명 선택]을 클릭하면 모든 카테고리를 확인할 수 있습니다. 또는 네이버 쇼핑 상단의 [카테고리 더보기]를 클릭해도 모든 카테고리를 확인할 수 있습니다. 각 카테고리에 어떤 상품이 속해 있는지 확인해보고, 판매할 상품과 같은 상품이 어떤 카테고리에서 검색되는지 미리 알아두면 상품 등록 시 좀 더 도움이 됩니다.

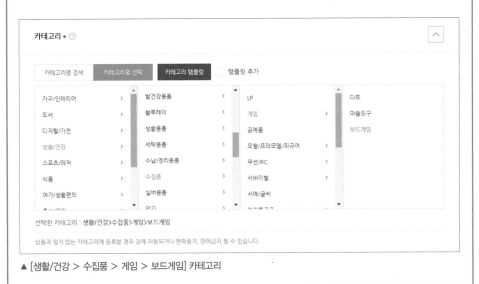

▲ [생활/건강 > 수집품 > 게임 > 보드게임] 카테고리

키워드는 비슷한데 상품 자체가 다른 경우 주의하기

이번에는 다른 보드게임 상품으로 예시 상황을 하나 더 이야기해보겠습니다. 메인 키워드와 서브 키워드로 '디즈니보드게임' 키워드와 '디즈니게임' 키워드를 선정했습니다. 네이버 쇼핑에서 '디즈니보드게임' 키워드와 '디즈니게임' 키워드를 검색해봅니다. 먼저 '디즈니보드게임' 키워드로 검색한 결과입니다. 상품이 [생활/건강 > 수집품 > 게임 >

보드게임] 카테고리에 속한 것을 확인할 수 있습니다. 의도했던 것처럼 디즈니에서 만든 보드게임 상품들이 나타납니다.

▲ '디즈니보드게임' 키워드의 상품 검색 결과

다음으로 '디즈니게임' 키워드로 검색하면 상품이 [디지털/가전 > 게임기/타이틀 > 게임타이틀] 카테고리에 속한 것을 확인할 수 있습니다. 차이점이 이해되었나요? 의도했던 것과 달리 보드게임이 아닌 디지털 기기를 활용한 게임이 나타났습니다. 이러한 검색 결과를 통해 네이버에서 '디즈니보드게임'은 [생활/건강 > 수집품 > 게임 > 보드게임] 카테고리, '디즈니게임'은 디지털/가전 > 게임기/타이틀 > 게임타이틀] 카테고리에 포함시켰다는 것을 알 수 있습니다.

이렇게 직접 검색해보면 키워드가 비슷하다고 무조건 서브 키워드로 늘리는 것은 아무 의미가 없다는 것을 알게 됩니다. 카테고리가 허용하는 키워드가 아니면 검색에 제한이 따릅니다. 그러므로 상품명에 입력하는 키워드는 카테고리에 설정된 키워드와 동일해

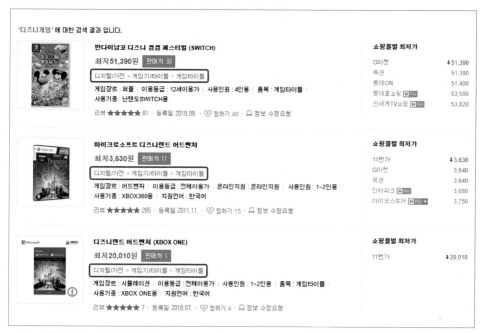

▲ '디즈니게임' 키워드의 상품 검색 결과

야 하고, 메인 키워드와 서브 키워드의 카테고리 또한 일치해야 합니다. 다시 말하면 최대한 상품을 노출시키기 위해 상품명의 50자 제한 내에 도움이 되지 않는 키워드가 들어가지 않게 하는 것도 중요하지만, 카테고리 매칭에 실패하면 이러한 키워드 선정도 아무 의미가 없습니다. 카테고리의 중요성을 다시 한번 짚고 넘어갑니다.

 대한민국 마케팅 최강자의 실전 노하우

판매되고 있는 동일한 상품의 카테고리 확인하기

복잡하게 느껴진다면 최소한 네이버 쇼핑에서 판매되고 있는 동일한 상품의 카테고리는 반드시 확인하고, 그 카테고리에 따라 상품을 등록하는 것이 안전한 방법입니다. 적어도 상품 노출에서 제외되지는 않습니다.

비슷한 상품인데 카테고리가 다른 경우 주의하기

예를 하나 더 들어보겠습니다. 이번에는 키워드와 카테고리를 적절하게 잘 활용해서 상품을 등록하자 검색 노출이 잘되고 있는 엔게티의 사례입니다. 참고로 엔게티는 수제청을 만들어 판매하는 업체입니다.

먼저 다음과 같이 네이버 검색광고의 키워드 도구에서 '수제청' 키워드를 조회합니다. '과일청', '딸기청', '레몬청', '자몽청' 등의 키워드가 연관 키워드로 나타납니다. 이때 '수제청' 키워드는 구매가 아니라 직접 만들기 위해 레시피를 찾을 목적으로 검색한 경우도 있으니 상품수와 함께 비교해야 합니다.

연관키워드 ⑦	월간검색수 ⑦	
	PC	모바일
수제청	2,730	13,600
과일청	2,360	12,000
딸기청	930	6,100
레몬청	2,440	19,100
수제과일청	320	1,630
자몽청	2,030	13,800
청귤청	1,960	14,200
수제청선물세트	110	650
패션후르츠청	1,250	12,900

연관 키워드		
키워드	검색수	상품수
규린이네수제청	800	38
수제청 답례품	660	2,198
답례품	46,200	1,551,277
수제청 선물	470	14,168
수제청선물	1,860	14,586
산펠레그리노에...	580	103
수제청 선물세트	280	10,239
생강청	14,720	16,384
수제과일청	6,220	18,218
과일수제청	390	5,128
원두	34,080	857,299
카누아메리카노	30,470	30,083
돼지감자차	15,580	28,119
청귤청	4,240	1,544
드립백커피	13,290	46,410
스타벅스캔커피	6,130	12,125
보리차	20,280	95,500

▲ 네이버 검색광고의 키워드 도구에서 '수제청' 키워드를 조회한 결과와 아이템스카우트의 연관 키워드

이 키워드를 조합해 '엔게티 수제청 선물세트 차 선물 과일청 레몬청 자몽청 패션후르츠청 딸기청'으로 상품명을 입력하고 상품을 등록했습니다. 메인 키워드인 '수제청'으로 검색하면 다음과 같이 상품이 나타나고, 상품은 [식품 > 음료 > 차류 > 기타차] 카테고리에 속한 것을 확인할 수 있습니다.

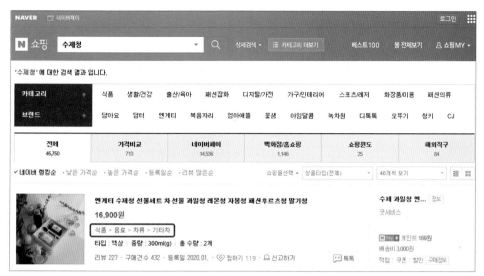

▲ '수제청' 키워드의 상품 검색 결과

대한민국 마케팅 최강자의 실전 노하우

📑 필요한 경우 상품명에 상호 입력하기

사실 네이버 쇼핑에서는 오른쪽에 별도로 상호가 노출되므로 상품명에 상호를 입력하지 말라고 권장하고 있습니다. 다만 전략적으로 브랜드나 상품명을 인식시키기 위해 한 번 정도입력하는 것은 크게 문제가 되지 않습니다. 키워드만 나열된 경우 브랜드 인지도가 낮은 저가 상품으로 인식되기도 합니다. 여기서는 의도적으로 브랜드의 인지도를 높이기 위해 상품명에도 상호를 입력했습니다.

이제는 메인 키워드와 서브 키워드를 분명하게 구분할 수 있을 겁니다. 서브 키워드로도 검색해보겠습니다. '레몬청', '자몽청', '패션후르츠청', '딸기청' 키워드로 검색합니다. 메인 키워드 검색과 동일한 상품이 나타나고 상품은 모두 [식품 > 음료 > 차류 > 기타차] 카테고리에 속한 것을 확인할 수 있습니다. 이 키워드들은 카테고리와 잘 매칭되었기 때문에 상품 검색 시 노출도 잘되는 것입니다.

▲ '레몬청', '자몽청', '패션후르츠청', '딸기청' 키워드의 상품 검색 결과

그런데 조금 다른 키워드가 하나 있습니다. 바로 '배도라지청'입니다. 지금까지 검색한
결과로는 다른 수제청과 마찬가지로 [식품 > 음료 > 차류 > 기타차] 카테고리로 설정
해도 될 것 같습니다. 과연 그럴까요?

연관키워드 ⑦	월간검색수 ⑦	
	PC	모바일
배도라지청	1,630	14,400
도라지청	4,140	36,500

▲ 네이버 검색광고의 키워드 도구에서 '배도라지청' 키워드를 조회한 결과

네이버 검색광고의 키워드 도구에서도 검색수를 확인해봅니다. 크게 다른 점이 없어 보입니다. 하지만 실제로 네이버 쇼핑에 '배도라지청' 키워드로 검색해보면 [식품 > 건강식품 > 건강즙 > 기타건강즙] 카테고리에 속한 상품이 나타나는 것을 확인할 수 있습니다. 다른 수제청과 동일하게 [식품 > 음료 > 차류 > 기타차] 카테고리로 설정했다면 상품이 검색되지 않았을지도 모릅니다.

▲ '배도라지청' 키워드의 상품 검색 결과

카테고리를 잘못 설정하면 상품이 아예 노출되지 않을 수도 있다는 사실, 놀랍지 않나요? 배도라지청이 [기타건강즙] 카테고리에 속한 것처럼 네이버 쇼핑의 카테고리는 임의로 추측한 것과는 조금 다를 수 있습니다. 그러므로 지금처럼 반드시 상품이 등록된 카테고리를 확인하는 과정을 거쳐야 합니다. 또한 등록한 상품이 어떤 방법을 동원해도 검색 결과에 노출되지 않는다면, 카테고리를 잘못 설정하지는 않았는지 점검해보아야 합니다. 거듭 강조하지만 키워드부터 카테고리까지 이어지는 이 전략은 다른 어떤 전략보다 중요합니다. 잘 이해하고 기본 중의 기본으로 활용해보길 바랍니다.

04 판매 중인 다른 상품도 함께 노출하는 전략

여러 상품을 한번에 노출해주는 딜페이지 구성

상품을 판매하는 방법이자 상품 노출 전략 중 하나인 딜페이지 구성을 소개해보겠습니다. 딜페이지 구성은 사실 소셜 커머스(티몬, 위메프, 과거의 쿠팡 등)에서 많이 쓰이는 방식입니다. 쉽게 설명하자면, 상품을 등록할 때 추가 옵션을 설정해 비슷한 상품을 한꺼번에 판매할 수 있습니다. 인기 상품과 비인기 상품을 함께 노출시켜 여러 상품의 광고 효과를 약간 기대할 수 있습니다.

▲ 딜페이지로 구성해 등록한 수제청 상품

그러나 딜페이지로 구성하는 것이 무조건 다 좋은 건 아닙니다. 딜페이지로 구성해 등록하는 게 좋을지 단품으로 등록하는 게 좋을지 판단해야 합니다. 앞서 살펴봤듯이 비슷해 보이는 상품이라도 카테고리를 다르게 설정해야 할 때가 있습니다. 딜페이지를 구성할 때도 마찬가지입니다. 카테고리가 다른 상품은 딜페이지로 구성하지 말아야 합니다. 딜페이지로 구성한 상품은 하나의 카테고리에만 속할 수 있습니다. 그런데 카테고리가 다른 상품이 딜페이지로 구성되어 있으면 일부 상품은 맞지 않는 카테고리에 속하게 됩니다. 네이버 쇼핑의 정책상 이러한 상품은 검색 결과에 노출되기 어려울 수 있습니다.

▲ 단품으로 등록한 수제청 상품

카테고리만 유의하면 딜페이지 구성은 꽤 좋은 전략입니다. 상품을 잘만 구성하면 여러 가지 품목으로 상품 구매를 유도할 수 있고, 실구매 전환율 상승에 많은 도움이 됩니다. 또한 많이 판매될수록 상품의 품질지수가 상승하고, 비교적 상위 노출이 쉬운 서브 키워드들이 첫 페이지로 진입해 상품 판매 촉진에 도움을 줍니다. 이렇게 어느 정도 기간을 꾸준히 유지하다 보면 시간이 좀 걸리더라도 메인 키워드 상위 노출까지 노려볼 수 있습니다.

딜페이지 구성은 상품 가격이 저렴해 마진 구조가 별로 좋지 못할 때도 도움이 됩니다. 다음과 같이 펭귄얼음깨기 보드게임은 약 3,000원에 판매되고 있습니다. 이때 딜페이지로 다른 보드게임도 함께 구성해 판매하면 전체 마진 구조가 상당히 나아집니다.

▲ 딜페이지로 구성해 등록한 보드게임 상품

고객의 구매 내역을 살펴보겠습니다. 두 명의 고객이 펭귄얼음깨기 보드게임을 구매했는데, 구매 내역에서 딜페이지로 구성된 다른 상품도 함께 구매한 것을 확인할 수 있습니다. 실제 주문 통계를 살펴봐도 펭귄얼음깨기 보드게임만 단품으로 구매한 경우는 거의 찾아볼 수 없습니다.

▲ 두 명의 고객이 딜페이지 구성 상품을 여러 개 구매한 경우

배송이 완료된 고객의 구매 내역을 더 살펴보겠습니다. 다섯 건의 주문 중 단품만 구매한 경우는 단 한 건에 불과합니다. 때에 따라 다를 수 있지만, 전체 주문을 살펴봐도 거의 유사한 비율입니다. 결국 메인 상품의 가격은 약 3,000원이지만 가격이 더 높은 상품을 판매하는 것과 같은 효과를 누릴 수 있습니다.

▲ 대부분의 고객이 딜페이지 구성 상품을 여러 개 구매

그렇다면 딜페이지 구성은 옵션 상품의 가격을 어떻게 설정할까요? 스마트스토어의 특성상 옵션 상품은 메인 상품과 비슷한 가격으로 설정해야 합니다.

▲ 스마트스토어센터에서 상품 등록 시 옵션 가격 설정

스마트스토어에서는 다음과 같이 옵션 상품 가격에 제한을 두고 있습니다. 여기서 유의할 점은 할인가가 아닌 판매가를 기준으로 적용하고 있다는 것입니다. 참고로 이 기준은 변경될 수도 있으니 수시로 확인해야 합니다.

[옵션가 추가금액 제한]

판매가	변경 전	변경 후
2,000원 미만	0 ~ +10,000원	0 ~ +100%
2,000원 ~ 10,000원 미만	-50% ~ +10,000원	-50% ~ +100%
10,000원 이상	-50% ~ +100%	-50% ~ +50%

*일부 카테고리 제외, 하단안내 참조
*옵션가는 판매가 기준으로 % 적용되며, 할인가 기준이 아님

▲ 스마트스토어센터의 옵션 상품 가격 제한(2021년 4월 기준)

할인가가 아닌 판매가를 기준으로 적용하고 있으니 메인 상품과 가격 차이가 큰 옵션 상품을 등록하려면 판매가를 약간 조정하고 할인을 적용하면 됩니다. 물론 가격 차이가

너무 큰 상품으로 구성하면 가격이 비슷한 상품으로 구성하는 것보다 구매 전환율이 낮아질 수 있습니다. 상품 가격이 저렴해서 클릭했는데 옵션 상품의 가격이 생각보다 높아 속은 느낌이 들어 다른 상품을 찾은 경험이 있을 겁니다. 어렵게 끌어온 고객에게 여러 제품을 추천하는 것은 놓칠 수 없는 좋은 기회이니 고객이 속았다고 느끼지 않도록 적절히 활용하면 좋습니다.

판매가 ●			
판매가 ●	6,500	원	육천오백 원
	네이버 쇼핑을 통한 주문일 경우 네이버쇼핑 매출연동수수료 2%가 네이버페이 결제수수료와 별도로 과금됩니다. 수수료안내 › 판매가, 할인가를 활용한 비정상 거래는 자동 탐지되어 판매지수에 포함되지 않으니 유의해주세요. 안내 ›		
할인 ⓘ	설정함　　　설정안함		
	☑ 전체 할인　　☐ PC만 할인　　☐ 모바일만 할인		
전체 할인 ●	4,110	원 ▾ 할인	
	☐ 특정기간만 할인		
할인가	**2,390**원 (4,110원 할인)		

▲ 판매가를 기준으로 설정하는 옵션 상품의 가격

NOTE 대한민국 마케팅 최강자의 실전 노하우 🔍

📋 구매 999+와 리뷰 999+의 비밀

딜페이지 구성의 장점이 하나 더 있습니다. 고객이 옵션 상품별로 리뷰를 작성할 수 있다는 점입니다. 네이버 쇼핑을 살펴보다 보면 '구매 999+, 리뷰 999+'와 같이 구매건수와 리뷰 수가 많은 상품이 있습니다. 이런 상품들은 다른 사람들이 많이 구매했고 리뷰도 많이 작성해 어느 정도 믿을 만한 제품이라고 생각됩니다. 게다가 구매건수와 리뷰수가 많으면 상품 노출이 훨씬 더 잘될 수 있습니다. 그만큼 구매건수와 리뷰수가 중요한데, 딜페이지 구성으로 옵션 상품을 등록해두면 구매건수와 리뷰수를 쉽게 늘릴 수 있습니다. 앞서 살펴보았듯이 한 번 구매할 때 최소 두 개 이상 구매하는 경우가 많은데, 상품별 구매로 카운팅되고 리뷰도 각각 작성할 수 있어 고객 한 명이 구매하더라도 마치 여러 명이 구매한 것 같은 효과를 얻을 수 있습니다.

▲ 구매 999+와 리뷰 999+를 달성한 상품

상품을 추가로 노출해주는 추가 상품 항목

추가 상품은 딜페이지 구성과 비슷하지만 가격에 구애받지 않고 등록할 수 있습니다. 단, 옵션 상품과 달리 구매건수가 개별적으로 카운팅되지 않고 리뷰도 별도로 작성할 수 없습니다. 그러므로 추가 상품은 메인 상품을 보조하는 상품으로 구성하는 것이 적합합니다. 이를테면 수제청을 판매하는 경우 다음과 같이 선물용 상자, 봉투, 리본 등을 추가 상품으로 구성할 수 있습니다. 또한 추가 상품은 상세페이지에 정리된 사진과 가격을 표기해주는 것이 좋습니다. 고객이 추가 상품을 구매할 때 번거롭지 않게 해주는 최소한의 배려입니다.

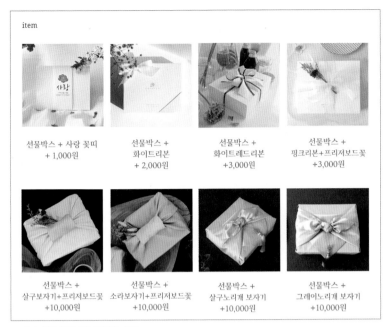

선물박스 + 사랑 꽃띠 + 1,000원	선물박스 + 화이트리본 + 2,000원	선물박스 + 화이트레드리본 +3,000원	선물박스 + 핑크리본+프리저보드꽃 +3,000원
선물박스 + 살구보자기+프리저보드꽃 +10,000원	선물박스 + 소라보자기+프리저보드꽃 +10,000원	선물박스 + 살구노리개 보자기 +10,000원	선물박스 + 그레이노리개 보자기 +10,000원

▲ 추가 상품 항목으로 구성한 상품

추가 상품을 옵션 상품과 혼동하는 분들이 있습니다. 추가 상품을 등록하면 구매 시 [추가옵션]이라는 항목으로 나타나기 때문입니다. 스마트스토어에서 상품 등록 시 [옵션] 항목에는 옵션 상품을, [추가상품] 항목에는 추가 상품 항목을 등록합니다. 이 차이를 잘 구분해 등록해야 합니다.

▲ 스마트스토어센터에서 추가 상품 등록

마지막으로 추가 상품은 고객이 혼동하지 않도록 상품명에 숫자로 넘버링하거나 _(언더바)를 붙여 구분해주는 것이 좋습니다.

엔게티 선물세트 (2ea)

추가옵션 선택

추가포장

001_사랑꽃띠 (+1,000원)

002_화이트리본 (+2,000원)

003_화이트레드리본 (+3,000원)

004_핑크리본(프리저보드꽃) (+3,000원)

005_살구보자기(프리저보드꽃) (+10,000원)

006_소라보자기(프리저보드꽃) (+10,000원)

007_살구노리개보자기 (+10,000원)

008_그레이노리개보자기 (+10,000원)

009_핑크빛보자기 (+10,000원)

▲ 추가 상품은 넘버링을 하거나 _(언더바)를 붙이는 것을 권장

05 적극 활용해야 하는 상품 무료 노출 기회

광고가 아니더라도 광고 효과를 얻을 수 있는 상품 무료 노출 기회도 있습니다. 마케팅에 비용을 쏟아 붓기 어려운 초보 판매자라면 아이디어로 승부해 상품 무료 노출 기회를 잡아보길 권합니다. 무료 노출 기회는 기획전, 럭키투데이, 타임특가, 이렇게 세 가지로 정리할 수 있습니다. 하나씩 살펴보겠습니다.

> **1 기획전** | 여러 상품을 묶어 혜택을 제공하는 프로모션
> **2 럭키투데이** | 하나의 상품에 대해 할인 혜택을 제공하는 프로모션
> **3 타임특가** | 하나의 상품을 특정 시간에만 할인 혜택을 제공하는 프로모션

여러 가지 상품을 묶어 혜택을 제공하는 기획전

첫 번째 상품 무료 노출 기회는 기획전입니다. 기획전은 여러 가지 상품을 묶어 다양한 방식으로 홍보 및 판매할 수 있는 수단입니다. 기획전을 등록하면 네이버 쇼핑의 다양한 영역에서 노출되므로 마케팅 효과와 매출 상승을 톡톡히 기대할 수 있습니다. 다양한 아이디어를 통해 트렌드에 맞는 기획전을 구상해보세요. 네이버 쇼핑 메인 페이지의 오른쪽 상단에 있는 [기획전] 메뉴를 클릭하면 다른 판매자가 진행하는 기획전도 살펴볼 수 있습니다.

▲ 네이버 쇼핑의 기획전

단, 기획전은 몇 가지 조건이 있습니다. 콘셉트가 명확해야 하고, 기획전에 등록할 상품이 최소 50개 이상이어야 하며([유아동] 카테고리는 최소 20개 이상), 할인이나 쿠폰, 포인트 등 고객에게 혜택을 제공해야 합니다. 또한 기획전 등록 요청 후 심사를 거쳐야 하며, 네이버 쇼핑에서 승인한 기획전만 등록됩니다. 이러한 조건 및 심사 절차는 스마트스토어센터의 [네이버 쇼핑 기획전 등록 가이드]를 통해 더 자세히 확인할 수 있습니다. 스마트스토어센터에서 왼쪽에 있는 [노출관리]의 [기획전 관리] 메뉴를 클릭하면 기획전을 등록하거나 관리할 수 있는 페이지가 나타납니다. 여기서 [기획전 등록 가이드]를 클릭하면 기획전에 관한 모든 내용을 상세하게 파악할 수 있습니다.

▲ 스마트스토어센터에서 [기획전 등록 가이드] 확인

기획전 등록 지침을 잘 확인한 후 [신규 기획전 등록]을 클릭합니다. 기본 정보를 입력한 후 하단의 [기획전 노출 심사요청]을 클릭하면 심사가 진행됩니다. 이때 각 항목의 가이드를 철저히 지켜 등록해야 승인될 확률이 높아집니다.

기획전 관리			

기본정보 입력

기획전 타입	☐ 즉시할인 ☐ 소식알림 동의 쿠폰 ☐ 스토어찜 쿠폰 ☐ 포인트 적립
카테고리	[대분류 ▾] [종분류 ▾]
기획전 제목	[ ] 0/45 byte
기획전 URL	기획전 URL이 자동생성됩니다.
태그명 ?	[#] [추가] 태그는 총 10개까지 등록 가능하며, 10자 이하로 입력, 띄어쓰기 없이 입력하여야 합니다.
기간	[2021-05-14 📅] [00시 ▾] [00분 ▾] [00초 ▾] ~ [2021-05-21 📅] [23시 ▾] [59분 ▾] [59초 ▾] ※기간은 영업일 기준으로 등록일 3일 이후 시작, 진행기간은 최소 3일 ~ 최대 14일 이내로 설정해 주세요.

▲ 기획전을 등록하기 위한 기본 정보 입력

한 가지 상품만 할인 혜택을 제공하는 럭키투데이

두 번째 상품 무료 노출 기회는 럭키투데이입니다. 기획전은 여러 가지 상품을 묶어 혜택을 제공하는데, 럭키투데이는 한 가지 상품만 할인 혜택을 제공합니다. 마찬가지로 네이버 쇼핑의 다양한 영역에 노출되어 마케팅 효과를 기대할 수 있습니다. 특히 네이버 쇼핑 메인 페이지에 노출되면 엄청난 고객 유입을 기대할 수 있습니다. 마찬가지로 네이버 쇼핑 메인 페이지의 오른쪽 상단에 있는 [럭키투데이] 메뉴를 클릭하면 다른 판매자의 럭키투데이 상품을 살펴볼 수 있습니다.

◀ 네이버 쇼핑의 럭키투데이

럭키투데이는 기획전보다 승인이 수월합니다. 특별한 결격 사유가 없으면 대분은 승인된다고 보아도 됩니다. 단, 스마트스토어에서 판매하는 상품만 등록할 수 있고, 동일 기간에는 한 가지 상품만 럭키투데이를 진행할 수 있습니다. 그 외의 가격, 할인율, 정품여부 등 다양한 필수 조건이 있는데 기획전과 마찬가지로 [네이버 쇼핑 럭키투데이 등록 가이드]를 통해 더 자세히 확인할 수 있습니다. 스마트스토어센터에서 왼쪽에 있는 [노출관리]의 [럭키투데이 제안 관리] 메뉴를 클릭하면 럭키투데이를 등록하거나 관리할 수 있는 페이지가 나타납니다. 여기서 [럭키투데이 가이드 다운로드]를 클릭하면 럭키투데이에 관한 모든 내용을 상세하게 파악할 수 있습니다.

▲ 스마트스토어센터에서 [럭키투데이 등록 가이드] 확인

럭키투데이 등록 지침을 잘 확인한 후 [제안 등록하기]를 클릭합니다. 관련 정보를 입력한 후 하단의 [저장]을 클릭합니다. 기획전보다는 심사가 수월하다고 해도 각 항목의 가이드를 철저히 지켜 등록해야 승인될 확률이 높아집니다.

럭키투데이 제안 관리						
제안 관리 제안 등록/수정						

진행 제안 상품

상품ID		확인	원도 상품찾기	스마트스토어 상품찾기	미리보기	모바일 PC
상품명						
판매가				판매상태		
할인가	PC (100%)	모바일 (100%)				

진행 제안 내용

노출영역	◉ 모두 ○ PC ○ 모바일		
제안가	PC	(100%) 모바일	(100%)

▲ 럭키투데이를 등록하기 위한 관련 정보 입력

특정 시간에만 할인 혜택을 제공하는 타임특가

마지막 세 번째 상품 무료 노출 기회는 타임특가입니다. 타임특가는 럭키투데이와 비슷한데, 특정 시간에 몇 가지 상품만 집중적으로 할인 혜택을 제공한다는 점이 다릅니다. 1일 2회, 오전 6시부터 오후 6시까지와 오후 6시부터 오전 6시까지로 나뉘어 12시간 동안 진행됩니다. 타임특가 또한 네이버 쇼핑의 다양한 영역에 노출되므로 마케팅 효과를 기대할 수 있고, 타임특가만 기다리는 고객도 있어 특히 판매 상승효과가 큽니다. 단시간에 높은 매출을 달성할 수 있는 아주 효과적인 판매 전략이 될 수 있습니다.

▲ 네이버 쇼핑의 타임특가

▲ 네이버 쇼핑 파트너 공식 블로그의 타임특가 제안 공지

타임특가는 기획전이나 럭키투데이와 달리 네이버 쇼핑 파트너 공식 블로그(https://
blog.naver.com/naver_seller)에 업로드된 제안서를 다운로드해 작성 및 제출하는 방
식으로 신청합니다. 카테고리별로 타임특가를 공지하는데, 기한과 제안 기준 등을 살펴
본 후 제안서 양식을 다운로드해서 작성해 제출하면 됩니다. 타임특가는 높은 트래픽을
보장하는 대신 경쟁력 있는 특가 혜택을 제공해야 하며 최저가로만 제안할 수 있습니
다. 이 점을 유의해서 상품을 선정하고 타임특가 제안서를 제출합니다.

> ❝
> 생필품 (리빙생필품 & 푸드생필품) **타임특가 제안하기**
>
> ────────────────────────────
>
> 1. 제안서 양식
>
> ▢ 생필품_타임특가제안서(스토어명).xlsx   ⬇
>
> 2. 제안품
>
> | Ⓝ 오피스 | **생필품 타임특가 제안** |
> |---|---|
> | | (푸드/리빙) 생 필 품. 타임특가 제안 안내드립니다. ··· |
> | | naver.me |

▲ 타임특가 제안서를 작성해 제출

처음에는 마진을 조금 줄이더라도 노출 기회를 늘려 구매 전환율을 높이는 것이 우선입니다. 가격 할인 혜택을 제공하는 다양한 프로모션을 활용해 고객의 유입을 늘리고 높은 매출도 달성해보세요.

핵심 콕콕 TIP │ 네이버 쇼핑 파트너 공식 블로그 활용하기

네이버 쇼핑 파트너 공식 블로그(https://blog.naver.com/naver_seller)에서는 스마트스토어 운영 및 판매 관련 팁을 얻을 수 있고, 다양한 프로모션 공지도 확인할 수 있습니다. 자주 방문해 정보를 얻고 스마트스토어 운영에 활용해보세요. 쇼핑몰을 더 빠르게 성장시킬 수 있습니다.

▲ 네이버 쇼핑 파트너 공식 블로그

네이버 쇼핑은 노출이 곧 매출이다

스마트스토어는 네이버의 시스템과 동일하므로 메인 페이지에 노출되게 하거나 검색 시 상품이 노출되게 하는 것이 매우 중요합니다. 광고의 수십 배 효과를 얻을 수 있기 때문입니다. 상품이 노출되어야 판매로 이어질 확률이 높습니다. 다시 말해 상품 노출은 매출과 직결될 수밖에 없습니다.

다음은 네이버 쇼핑 메인 페이지의 일부입니다. 네이버는 이 메인 페이지에 어떤 상품을 게재할지 항상 고민하고 있습니다. 또한 검색 시 어떤 상품을 먼저 노출시킬지도 복잡한 알고리즘까지 만들어가며 무척 신경 쓰고 있지요. 네이버가 제안하는 상품에 대해 고객이 만족해야 다시 쇼핑하러 찾아오기 때문입니다. 네이버 쇼핑은 이러한 선순환 만드는 것을 가장 중요하게 생각하고 있습니다.

게다가 상품 노출은 누구에게나 열려 있는 기회입니다. 일주일만 네이버 쇼핑의 메인 페이지를 살펴보거나 여러 상품을 검색하며 어떤 상품이 노출되는지 살펴보세요. 단 하루도 똑같은 패턴은 없습니다. 이는 곧 누구도 독점적 노출 기회를 누리지 않는다는 이야기입니다. 여러분은 조금만 노력해서 별도의 광고비를 들이지 않고 이 시스템을 적극 활용하면 됩니다.

▲ 네이버 쇼핑 메인 페이지

상품 노출이 이렇게나 중요하기 때문에 앞서 다양한 전략을 소개했습니다. 그런데 초보 판매자에게는 다양한 전략만큼이나 중요한 것이 있습니다. 바로 벤치마킹입니다. 네이버 쇼핑에는 상상할 수 없이 많은 수익을 올리고 있는 판매자가 이미 많습니다. 초보 판매자라면 이들이 어떤 판매 전략을 세워 성장했는지 분석하고 따라 해보며 시행착오를 줄여나가는 것이 중요합니다.

네이버 쇼핑 메인 페이지에 접속해 오른쪽 상단의 [몰 전체보기]를 클릭하면 네이버 쇼핑에 입점한 모든 쇼핑몰을 확인할 수 있습니다. 아이템이나 콘셉트가 유사한 쇼핑몰 몇 군데를 선정한 후 강점, 약점 등을 분석해봅니다. 이때 상품의 품질이나 디자인, 상품의 다양성, 가격, 할인 정책, 배송 옵션 기준, 기획전이나 럭키투데이와 같은 프로모션 등도 면밀히 살펴봅니다. 판매자 입장에서 다른 쇼핑몰을 살펴보다 보면 내 쇼핑몰에 적용할 만한 다양한 전략을 세울 수 있습니다. 그러므로 이제 막 시작하는 단계라면 벤치마킹을 게을리 해서는 절대 안 됩니다.

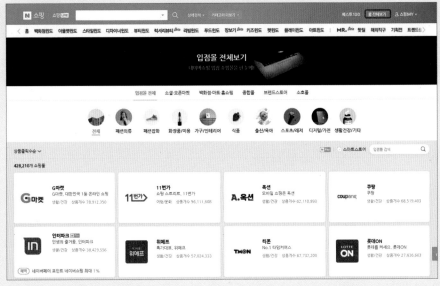

▲ 네이버 쇼핑의 [몰 전체보기]

매출이 급증하는
다양한 판매 촉진 전략

01 판매를 촉진시키는 대표 혜택, 쿠폰과 포인트

고객들은 상품을 구매할 때 어떤 것들을 고려할까요? 가장 중요한 것은 상품의 품질이지만 구매 혜택도 많이 따져봅니다. 쿠폰이나 포인트 등이 구매 혜택인데, 구매 혜택 유무는 고객의 구매 전환율에 중대한 영향을 미칩니다. 쿠폰 발급과 포인트 지급을 적절히 활용해 판매를 촉진시켜보겠습니다.

고객의 구매 전환율을 높이는 쿠폰 발급

네이버 쇼핑에서 판매하는 상품의 상세페이지를 살펴보면 다음과 같이 상단에서 스토어찜 쿠폰과 소식알림 쿠폰을 종종 발견할 수 있습니다. 스마트스토어에서 발행할 수 있는 대표적인 쿠폰인데 꽤 효과가 좋습니다. '찜'과 '알림 설정'도 유도할 수 있어 추후에 타깃 마케팅에도 유용하게 활용할 수 있습니다. 요즘은 대부분이 아주 적은 금액이라도 쿠폰을 발급하고 있어 상품 판매 시 경쟁력을 갖추려면 쿠폰 발급을 필수로 활용하는 것이 좋습니다.

▲ 상세페이지 상단의 스토어찜 쿠폰과 소식알림 쿠폰

핵심 콕콕 TIP   소식알림으로 변경된 톡톡친구

2019년 8월 29일부터 톡톡친구가 소식알림으로 변경되었습니다. 네이버 톡톡 계정이 아닌 쇼핑몰별로 소식을 받아보도록 설정되며 고객이 네이버 톡톡에 가입하지 않아도 소식을 받아볼 수 있습니다. 단, 판매자는 네이버 톡톡에 가입되어 있어야 합니다.

재구매 고객에게 발급하는 쿠폰도 있습니다. 고객을 유입시켜 상품을 구매하게 하는 데 성공했다면 다음으로 해야 하는 작업은 단골로 만드는 것입니다. 상세페이지에 재구매 고객에게 쿠폰을 발급한다는 내용을 담아 지속적인 구매를 유도합니다.

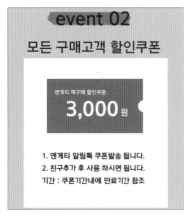

▲ 재구매 고객에게 발급하는 쿠폰

스마트스토어센터에서 왼쪽에 있는 [고객혜택관리]의 [혜택 등록] 메뉴를 클릭하면 쿠폰을 발급할 수 있는 페이지가 나타납니다. 쿠폰 발급을 위한 정보를 간단히 입력하면 되는데, 여기서 중요한 것은 [할인설정] 항목과 [상품상세 노출] 항목입니다.

혜택 등록 ⑦ ● 필수항목

혜택 이름 ● ⑦	최대 30자 이내로 입력하세요.

타겟팅 대상 ●

👤➕ 첫구매고객   👤✔ 재구매고객   👤➕ 스토어찜   🔔 소식알림   👥 타겟팅

· 스토어를 찜하거나 이미 찜한 고객에게 특별한 쿠폰 혜택을 설정할 수 있습니다.
· 스토어찜을 클릭한 고객에게 쿠폰(다운로드) 혜택과 함께 구매를 유도해 보세요.

타겟팅 목적   스토어찜 늘리기 + 유지시키기
· 스토어찜 늘리기 : 아직 스토어찜을 하지 않은 고객은 스토어찜 요청 문구가 노출되며, 스토어찜을 누를 때 다운로드 가능한 쿠폰이 안내됩니다.
· 스토어찜 유지 시키기 : 이미 스토어찜한 고객에게는 발급받지 않은 스토어찜 쿠폰을 발급 받을 수 있게 노출됩니다. 이미 발급된 쿠폰은 노출되지 않습니다.(중복발급 불가)

혜택종류 ●   ⦿ 쿠폰 ⦾ 포인트적립
혜택 노출 예시보기

▲ 쿠폰 발급을 위한 정보 입력

[할인설정]을 비율(%)로 설정했다면 최대 얼마까지 할인해줄지 금액을 입력해야 합니다. 이를테면 10%로 설정하고 최대 1만 원을 할인해주겠다고 설정했다면, 20만 원 상당의 상품을 구매할 때 쿠폰을 적용해도 1만 원까지만 할인이 적용됩니다. 할인 폭이 너무 크면 마진이 남지 않을 수도 있으므로 이 부분은 상품의 가격과 마진을 잘 계산해서 설정해야 합니다. 그렇다고 최대 할인 금액을 너무 적게 설정하면 오히려 역효과가 날 수 있습니다. 최대 할인 금액이 너무 적은 것 같으면 차라리 금액으로 설정하는 것이 더 낫습니다.

할인설정 ●	10	% ▾	최대	10,000	원	할인

▲ 쿠폰 발급을 위한 정보 입력 중 [할인설정] 항목

다음으로 [상품상세 노출] 항목에서 [상품상세의 상세정보 상단에 쿠폰 전시하기]가 체크되어 있는지 반드시 확인해야 합니다. 이 항목에 체크하지 않으면 고객이 쿠폰 발급 혜택을 발견하기 어렵습니다. 애써 등록한 쿠폰을 고객이 활용할 수 없다면 무용지물인 것은 당연합니다.

▲ 쿠폰 발급을 위한 정보 입력 중 [상품상세 노출] 항목

쿠폰 발급과 같은 효과를 줄 수 있는 다른 할인 혜택도 있습니다. 상품을 여러 개 구매했거나 특정 금액 이상 구매한 경우 할인가를 적용하는 [복수구매할인]입니다.

구매/혜택 조건 ⑦		
최소구매수량	[_____] 개	최소구매수량은 2개 부터만 입력해 주세요. 입력하지 않아도 기본 1개로 적용됩니다.
최대구매수량	☐ 1회 구매시 최대 ☐ 1인 구매시 최대	
복수구매할인	설정함 설정안함	
	10,000 원▼ 이상 구매 시	
	500 원▼ 할인	
	☐ 특정 기간만 할인	

주문금액은 판매가 기준(할인가/옵션가/추가상품가 제외)이며 구매된 수량 만큼 할인이 적용됩니다.
수량이 아닌 주문금액으로 설정 시에도 구매된 수량 만큼 할인이 적용됩니다. 적용예시 ›
판매가, 할인가를 활용한 비정상 거래는 자동 탐지되어 판매지수에 포함되지 않으니 유의해주세요. 안내 ›

▲ 상품을 등록할 때 설정할 수 있는 [복수구매할인] 항목

[복수구매할인]은 상품을 등록할 때 설정할 수 있습니다. 스마트스토어센터에서 왼쪽에 있는 [상품관리]의 [상품 등록] 메뉴를 클릭하면 상품을 등록할 수 있는 페이지가 나타납니다. 하단의 [구매/혜택 조건] 항목을 클릭하면 [복수구매할인] 항목이 나타납니다. 할인 조건인 상품 개수나 주문 금액을 입력하고 할인 금액 또는 비율을 입력합니다. 여러 상품을 구매하게 하거나 특정 금액 이상 결제하도록 유도할 수 있어 매출을 높이는 데 꽤 유용합니다.

네이버 쇼핑의 강력한 혜택, 네이버페이 포인트 지급

다음으로 추천하는 판매 촉진 전략은 바로 네이버 쇼핑의 강력한 혜택인 네이버페이 포인트 지급입니다. 네이버 쇼핑은 네이버페이 포인트 덕분에 성장했다고 해도 과언이 아닐 정도로 고객들을 사로잡는 대표 혜택입니다.

▲ 네이버페이 포인트 지급 혜택이 적용된 상품

네이버페이 포인트는 다른 상품을 구매할 때 현금처럼 사용할 수 있습니다. 적립 금액도 꽤 커서 네이버 쇼핑을 자주 활용하는 사람이라면 네이버페이 포인트 지급을 가장 좋은 혜택으로 생각할 겁니다. 또한 리뷰 작성 시 포인트 추가 지급도 가능해 리뷰 작성도 유도할 수 있습니다. 리뷰수 또한 상위 노출에 지대한 영향을 끼치므로 여러모로 도움이 됩니다. 강력히 추천하는 만큼 효과가 아주 크므로 다른 할인 혜택 설정은 하지 않아도 네이버페이 포인트 지급만큼은 꼭 설정해두길 바랍니다.

포인트 ⓘ	✓ 상품 구매 시 지급
	500 　　　　원 ▾ 지급
	☐ 특정 기간만 지급
	할인가(또는 판매가) 기준으로 구매포인트가 높을 경우 '특별 구매포인트'로 상품상세에 노출됩니다. - 할인가(또는 판매가) 20만원 이하 상품은 적립률 비율이 5% 이상일 때 - 할인가(또는 판매가) 20만원 초과 상품은 적립금이 1만원 이상일 때
	✓ 상품리뷰 작성시 지급 ⓘ
	텍스트 리뷰와 포토/동영상 리뷰 포인트는 중복지급되지 않습니다. 포토/동영상 리뷰가 필요하시다면, 포토/동영상 리뷰 작성에 더 많은 포인트를 설정해보세요.
	텍스트 리뷰 작성 　　**포토/동영상 리뷰 작성** 500 　　원 　　1,000 　　원
	한달사용 텍스트 리뷰 작성 　　**한달사용 포토/동영상 리뷰 작성** 　　　　　원 　　　　　　원
	스토어찜 고객리뷰 작성 ⓘ 　　　　　원 추가
	☐ 특정 기간만 지급

▲ 상품을 등록할 때 설정할 수 있는 [포인트] 항목

네이버페이 포인트 지급은 앞서 소개한 [복수구매할인]과 마찬가지로 상품을 등록할 때 설정할 수 있습니다. 스마트스토어센터에서 왼쪽에 있는 [상품관리]의 [상품 등록] 메뉴를 클릭하면 상품을 등록할 수 있는 페이지가 나타납니다. 하단의 [구매/혜택 조건] 항목을 클릭하면 [포인트] 항목이 나타납니다. 상품 구매 시에만 지급할 것인지 리뷰 작성

시에도 지급할 것인지 선택하고 금액 또는 비율을 설정합니다. 참고로 상품 구매 시 지급하는 포인트만 비율로 설정할 수 있고, 리뷰 작성 시 지급하는 포인트는 금액으로만 설정할 수 있습니다.

고객에게 지급한 포인트는 고객의 구매 확정 및 리뷰 작성일 기준으로 다음 날(영업일 기준) 정산 금액에서 해당 금액만큼 차감됩니다. 지급한 포인트 내역을 상세하게 확인하려면 스마트스토어센터에서 왼쪽에 있는 [고객혜택관리]의 [포인트 지급내역 조회]를 클릭합니다.

▲ 지급한 포인트 내역을 상세하게 확인

(💡) 핵심 콕콕 TIP ▮ D-커머스 프로그램의 성장포인트로 네이버페이 포인트 지급 ▮

D-커머스 프로그램에서는 마케팅 비용으로 활용할 수 있는 '성장포인트'를 지급한다고 소개했습니다(https://partners.naver.com/startup/main). 네이버페이 포인트를 지급할 때 이 성장포인트를 활용할 수 있습니다. D-커머스 프로그램에 관한 내용은 038쪽을 참고합니다.

NOTE 대한민국 마케팅 최강자의 실전 노하우 🔍

📋 상품 발송, 반품, 교환 등의 처리 지연과 품절 취소 주의하기

상품 노출 전략 및 판매 촉진 전략까지 성공시켜 판매가 제법 이루어지고 있을 때 제일 주의해야 하는 부분이 있습니다. 바로 발송, 반품, 교환 등의 지연 처리와 품절 취소로 인한 페널티 부여입니다. 각 상품에는 판매지수라는 것이 있습니다. 인기 상품일수록 판매지수가 높고, 판매지수가 높은 상품은 다른 고객에게 노출도 잘됩니다. 그런데 페널티를 많이 받으면 아무리 판매지수가 높아도 상품 노출에서 제외되거나 신규 상품을 등록하지 못하는 등의 제재를 받을 수 있습니다. 심지어 스마트스토어 이용 자체가 정지될 수도 있습니다. 초보 판매자가 자주 하는 실수가 상품 발송이 늦어지거나 품절로 인한 취소를 대수롭지 않게 생각한다는 것입니다. 특히 갑자기 판매가 늘어 재고 확보가 어려운 경우 관리 노하우가 없는 초보 판매자는 너무나도 솔직하게 재고가 없다는 이유로 주문을 취소해버립니다. 처음 몇 번은 아무런 영향이 없을지 몰라도 이런 상황이 누적되면 고객의 불만이 커지는 것은 물론 스마트스토어에서 상품을 판매하지 못하게 될 수도 있으니 주의하길 바랍니다. 이에 관한 자세한 내용은 네이버 스마트스토어센터의 자주 묻는 질문 게시판(https://help.sell.smartstore.naver.com/faq/list.help?categoryId=611)에서 확인합니다.

판매관리프로그램 페널티 부여 기준

항목	상세기준	페널티 부여일	점수
발송처리 지연	발송유형별 발송처리기한까지 미발송 (발송지연 처리된 건 제외)	발송처리기한 다음 영업일에 부여	1점
	발송유형별 발송처리기한으로부터 4영업일 경과후에도 계속 미발송 (발송지연 처리된 건 제외)	발송처리기한 +5영업일에 부여	3점
	발송지연 처리 후 입력된 발송예정일로부터 1영업일 이내 미발송	발송예정일 다음 영업일에 부여	2점
품절취소	취소 사유가 품절	품절처리 다음 영업일에 부여	2점
반품처리 지연	수거 완료일로부터 3영업일 이상 경과	수거완료일 +4영업일에 부여	1점
교환처리 지연	수거 완료일로부터 3영업일 이상 경과	수거완료일 +4영업일에 부여	1점

· 발송처리 지연 페널티는 3영업일, 7영업일 경과일수에 따라 점수가 중복 부과됩니다.
· 발송 기한 내에 발송 처리가 어려운 경우에는 '발송지연 처리'를 반드시 진행해 주세요.
· 기한 내 반품/교환 처리 불가한 경우, 보류설정을 해주셔야 합니다.
· 장기간 배송이 지연되거나 품절로 인해 취소가 발생하는 경우 고객 불만이 커지므로 재고관리에 힘써주시기 바랍니다.

▲ 스마트스토어의 페널티 부여 기준

02 가격에 민감한 고객들을 끌어들이는 전략

최저가를 알려주는 가격비교 서비스 이해하기

백화점에서든 온라인 쇼핑몰에서든 어떤 상품을 구매할 때는 가격을 비교할 수밖에 없습니다. 같은 상품이라면 좀 더 저렴하게 구매하는 것이 현명한 소비이기 때문입니다. 경제적으로 여유 있고 브랜드에 대한 신뢰도가 높으면 굳이 가격을 따져보지 않겠지만, 대부분의 사람은 최대한 적은 비용으로 만족감을 얻기 위해 시간을 투자하며 최저가를 찾으려는 노력을 합니다. 이들에게 가격비교 서비스는 무척 유용하겠죠.

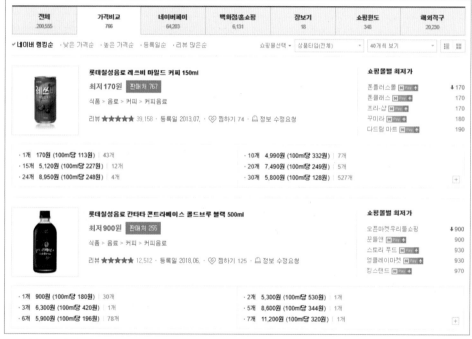

▲ 네이버 쇼핑의 가격비교 서비스

사실 가격비교 서비스는 대부분의 온라인 쇼핑몰에서 제공하는 시스템입니다. G마켓이나 옥션 같은 오픈마켓, 위메프나 티몬 같은 소셜 커머스, 현대Hmall 같은 종합 쇼핑몰에 이르기까지 가격비교 서비스를 제공하지 않는 온라인 쇼핑몰은 거의 없습니다. 상품을 검색하면 최소한 가격이 낮은 순서로라도 최저가를 보여줍니다. 그렇기 때문에 별다른 혜택이 아닌 것 같지만, 네이버 쇼핑의 가격비교 서비스는 무조건 저렴한 가격을 우선으로 보여주는 것이 아니라서 고객에게 더 유용합니다. 최저가 중에서도 구매건수나 리뷰수가 많은 것을 우선해서 노출해줍니다. 마냥 저렴하기만 한 상품이 아니라 저렴하면서도 많이 팔린 상품, 즉 '가성비가 좋은 상품'을 추천해주는 겁니다. 또한 배송비를 포함한 가격으로 정렬하거나 당일 배송 정보 및 혜택 정보도 함께 확인할 수 있습니다.

판매처	상품명	판매가	혜택정보
폰플러스몰 N Pay+	YJ) 롯데칠성음료 레쓰비 마일드 150ml (1BOX30개/30단위 주문요망/WTB2) 24720 레쓰비 마일드 (150ml/박스당30) ♡ 찜하기0 몰정보 🔔 신고하기	최저 170원 🚚 2,500원	네이버페이 포인트 1원
폰플래스 N Pay+	롯데칠성음료 레쓰비 마일드 커피 150ml ♡ 찜하기6 몰정보 🔔 신고하기	최저 170원 🚚 3,000원	네이버페이 포인트 1원
프라샵 N Pay+	롯데칠성 레쓰비 150 ml x 1캔 ♡ 찜하기0 구매정보 몰정보 🔔 신고하기	최저 170원 🚚 4,000원	네이버페이 포인트 1원
꾸미라 N Pay+	롯데칠성음료 레쓰비 마일드 커피 150ml 1캔// 24720 ♡ 찜하기0 몰정보 🔔 신고하기	180원 🚚 3,000원	네이버페이 포인트 1원
다드림 마트 N Pay+	롯데칠성음료 레쓰비 마일드 커피 150ml ♡ 찜하기3 구매정보 몰정보 🔔 신고하기	190원 🚚 3,000원 오늘출발 (평일 14:00 주문마감)	네이버페이 포인트 1원
백두유통 N Pay+	롯데 칠성 레쓰비 캔 커피 150ml ♡ 찜하기113 구매정보 몰정보 🔔 신고하기	190원 🚚 4,000원 오늘출발 (평일 16:00 주문마감)	네이버페이 포인트 1원

▲ 네이버 쇼핑의 가격비교 서비스에서 확인할 수 있는 정보

과거에는 별도의 가격비교 사이트를 이용하는 경우가 많았습니다. 그러나 현재는 네이버 쇼핑에서 오픈마켓, 소셜 커머스, 종합 쇼핑몰, 소규모 온라인 쇼핑몰까지 모두 모아 가격을 비교해주므로 별도의 가격비교 사이트를 이용할 필요가 없어졌습니다. 모든 온

라인 쇼핑몰의 상품이 네이버 쇼핑에서 전부 검색되며, 가격 정보를 포함해 상품에 관한 정보를 손쉽게 확인할 수 있습니다.

NOTE 대한민국 마케팅 최강자의 실전 노하우

📋 가격비교 서비스의 양면

네이버 쇼핑의 가격비교 서비스에 자신이 판매하는 상품이 등록되는 걸 원치 않는 판매자도 있습니다. 최저가와 경쟁하기가 쉽지 않고, 그만큼 마진도 적어지기 때문입니다. 네이버 쇼핑에서 자신의 상품과 동일한 상품이 판매되고 있을 때는 고객이 자신의 상품을 선택할지, 즉 자신의 상품이 가격 경쟁력이 있는지 확인해야 합니다. 어떤 상품은 정말 말도 안되는 가격으로 판매하면서 가격비교 서비스에 등록해두기도 합니다. 이는 마진을 포기하고 쇼핑몰을 노출시키겠다는 전략입니다. 이런 전략으로 가격비교 서비스에 상품을 등록해둔 업체가 있다면 사실상 가격 경쟁력을 갖기는 어렵습니다. 가격비교 서비스에 등록된 다른 경쟁 상품의 가격 및 혜택을 확인해보고 어떤 것이 더 이득일지 비교해 선택하면 됩니다.

가격비교 서비스에 상품을 등록하려면 카테고리, 섬네일, 브랜드, 제조사, 모델명이 같아야 합니다. 브랜드, 제조사, 모델명 등의 정확한 텍스트 정보가 있으면 비교 분석하기가 훨씬 쉬워 가격비교 매칭 확률이 훨씬 높아집니다. 보통 가격비교 자동 생성 기간이 1~2주가량인데, 브랜드 등록 업체는 상대적으로 우선권을 갖는다고 합니다. 브랜드 등록이 완료되면 자신이 상품을 노출하고 싶은 시기에 맞춰 가격비교 서비스에 노출되게 할 수 있습니다. 참고로 브랜드를 독점으로 사용할 수 있는 권한을 부여받지 못한 총판이나 일반 판매자는 브랜드나 제조사로 등록할 수 없습니다.

쇼핑파트너센터에서 가격비교 매칭 요청하기

가격비교 서비스는 쇼핑파트너센터(https://center.shopping.naver.com/)에서 설정할 수 있습니다. 쇼핑파트너센터에 접속해 스마트스토어에 가입한 아이디로 로그인합니다. 상단 메뉴바에서 [상품관리] 메뉴를 클릭한 다음 [상품현황 및 관리]를 클릭합니다. 다음과 같이 [상품현황 및 관리] 페이지가 나타나면 [서비스 상품]을 클릭합니다. 하단에 자신의 스마트스토어에서 판매하는 상품 목록이 나타나는데, 가격비교 서비스에 등록할 상품을 체크하고 [가격비교 매칭요청]을 클릭합니다.

▲ 쇼핑파트너센터에서 가격비교 매칭 요청

다음과 같이 별도의 팝업창이 나타나고 가격비교 서비스에 등록된 상품을 검색해 매칭을 요청할 수 있습니다.

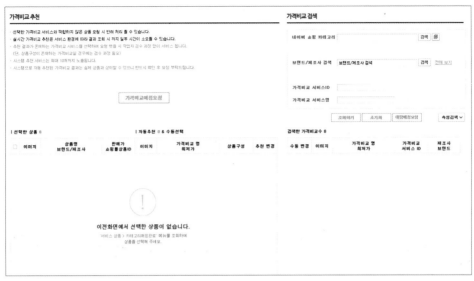

▲ 가격비교 매칭을 요청할 수 있는 팝업창

이때 [가격비교 서비스ID]를 활용하면 네이버 쇼핑에서 직접 검색해 확인한 상품에 바로 매칭되도록 요청할 수 있습니다. 네이버 쇼핑에서 다음과 같이 가격비교 서비스로 매칭하고 싶은 상품을 검색합니다.

▲ [가격비교 서비스ID] 확인하는 방법

상단의 주소창을 살펴보면 'https://search.shopping.naver.com/catalog/'의 바로 뒤쪽에 10자리 숫자 '7016591921'이 확인됩니다. 이 숫자가 바로 [가격비교 서비스ID]입니다. 다시 가격비교 매칭 요청 팝업창으로 돌아가 오른쪽에 있는 [가격비교 검색]의 [가격비교 서비스ID]에 방금 확인한 10자리 숫자를 입력하고 [조회하기]를 클릭합니다.

▲ [가격비교 서비스ID]를 활용해 매칭을 요청할 상품 조회

[가격비교 서비스ID]를 찾지 않고 가격비교 매칭을 요청할 상품을 찾는 방법도 있습니다. 카테고리, 브랜드나 제조사로 검색할 수도 있고, 키워드를 입력해 검색할 수도 있습니다. 다음과 같이 가격비교 매칭을 요청할 수 있는 다양한 상품이 추천됩니다.

▲ 카테고리, 브랜드나 제조사로 매칭을 요청할 상품 조회

팝업창의 왼쪽에서 가격비교 매칭을 요청할 상품을 선택하고 상단의 [가격비교매칭요청]을 클릭합니다. 가격비교 매칭 완료까지는 영업일 기준 평균 2일 정도의 검수 기간이 소요되며, 상황에 따라 지연될 수 있다고 안내하고 있습니다.

가격비교 추천

- 선택한 가격비교 서비스와 적합하지 않은 상품 요청 시 반려 처리 될 수 있습니다.
- 실시간 가격비교 추천은 서비스 환경에 따라 결과 조회 시 까지 일부 시간이 소요될 수 있습니다.
- 추천 결과가 존재하는 가격비교 서비스를 선택하여 요청 했을 시 작업자 검수 과정 없이 서비스 됩니다.
  (단, 상품구성이 존재하는 가격비교일 경우에는 검수 과정 필요)
- 시스템 추천 서비스는 최대 10개까지 노출됩니다.
- 시스템으로 자동 추천된 가격비교 결과는 실제 상품과 상이할 수 있으니 반드시 확인 후 요청 부탁드립니다.

가격비교매칭요청

▲ [가격비교매칭요청]을 클릭해 가격비교 서비스 매칭 요청

앞서 이야기했듯이 가격비교 서비스가 무조건 좋은 것은 아닙니다. 경쟁 상품과의 경쟁력을 잘 비교해보고 활용하길 권합니다.

 핵심 콕콕 TIP 네이버 쇼핑파트너센터 활용하기

스마트스토어 운영 및 관리를 스마트스토어센터에서만 한다고 생각하면 큰 오산입니다. 네이버 쇼핑파트너센터(https://center.shopping.naver.com)에서는 상품 노출과 관련된 정보를 확인하고 설정할 수 있습니다.

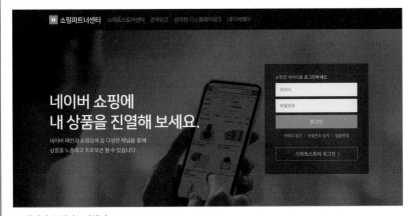

▲ 네이버 쇼핑파트너센터

특히 판매 등록한 상품이 네이버 쇼핑에서 노출되고 있는지 혹은 삭제되지는 않았는지 확인하는 데 무척 유용합니다. 확인하는 방법은 가격비교 매칭을 요청할 때와 동일하게 상단 메뉴바에서 [상품관리] 메뉴를 클릭한 다음 [상품현황 및 관리]를 클릭합니다. 다음과 같이 [상품현황 및 관리] 페이지가 나타나면 이번에는 [서비스 상품]이 아니라 [미서비스 상품]과 [삭제 상품]을 클릭합니다.

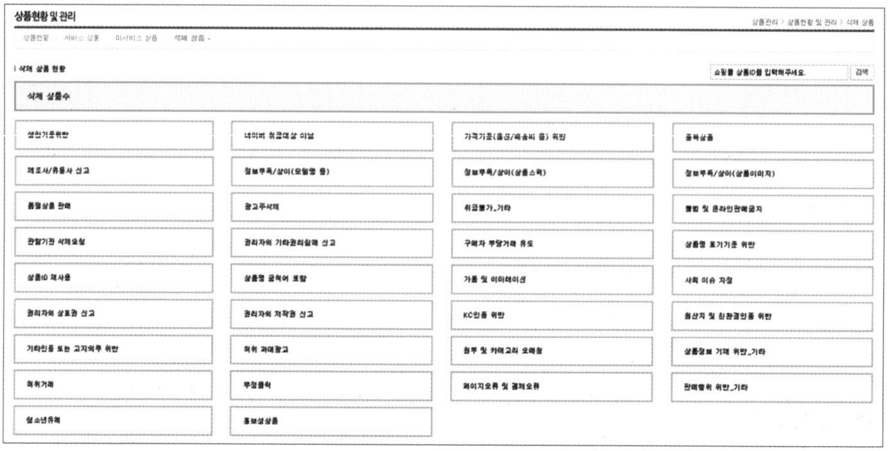
상품현황 및 관리
상품관리 > 상품현황 및 관리 > 삭제 상품
상품현황
서비스 상품
미서비스 상품
삭제 상품
삭제 상품 현황
쇼핑몰 상품ID를 입력해주세요.
검색
삭제 상품수
성인기준위반
네이버 취급대상 아님
가격기준(옵션/배송비 등) 위반
중복상품
제조사/유통사 신고
정보부족/상이(모델명 등)
정보부족/상이(상품스펙)
정보부족/상이(상품이미지)
품절상품 판매
광고주삭제
취급불가_기타
불법 및 온라인판매금지
관할기관 삭제요청
권리자의 기타권리침해 신고
구매자 부당거래 유도
상품명 표기기준 위반
상품ID 재사용
상품명 금칙어 포함
가품 및 이미테이션
사회 이슈 자정
권리자의 상표권 신고
권리자의 저작권 신고
KC인증 위반
원산지 및 친환경인증 위반
기타인증 또는 고지의무 위반
허위 과대광고
원부 및 카테고리 오매칭
상품정보 기재 위반_기타
허위거래
부정클릭
페이지오류 및 결제오류
판매행위 위반_기타
청소년유해
홍보성상품
▲ 네이버 쇼핑에 노출되지 않았거나 삭제된 상품 조회

여기서는 상품이 네이버 쇼핑에 노출되지 않았거나 삭제되었을 경우 여러 사유에 따라 분류해서 확인할 수 있습니다. 이 부분을 잘 확인하고 상위 노출 전략을 세운다면 어처구니없는 이유로 상품이 노출되지 않거나 삭제되는 상황을 방지할 수 있습니다. 수시로 확인하며 누락되는 상품이 없도록 관리합니다.

NOTE 대한민국 마케팅 최강자의 실전 노하우

빠른 배송에 민감한 고객을 끌어들이는 전략

당연하게 여기기 쉽지만 고객을 끌어들이는 의외의 전략이 하나 더 있습니다. 요즘은 가격만큼이나 중요한 요소인데, 바로 빠른 배송 서비스인 오늘출발입니다. 오늘출발 기능은 설정된 시간까지 결제된 주문 건에 대해 오늘 바로 발송해 고객이 빨리 받아볼 수 있게 하는 당일 배송 시스템입니다. 스마트스토어에서 오늘출발 기능을 손쉽게 설정할 수 있는데, 상품 등록 시 [배송] 항목에서 [배송속성]을 [오늘출발]로 설정합니다.

▲ 스마트스토어센터에서 설정할 수 있는 [배송] 항목

[오늘출발 기준시간]이 나타나면 기준이 시간을 설정하고, 휴무일이 있다면 휴무일도 설정합니다. 참고로 여기서 설정하는 옵션은 오늘출발로 설정한 모든 상품에 적용됩니다.

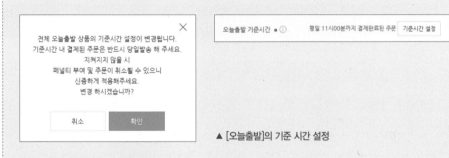

▲ [오늘출발]의 기준 시간 설정

오늘출발 기능은 잘 활용하면 고객을 끌어들일 수 있는 전략입니다. 상품이 같고 가격도 비슷하다면 아무래도 배송이 좀 더 빠른 상품을 선택합니다. 이는 요즘 이커머스 업계의 트렌드이기도 합니다. 고객에게 상품을 좀 더 빠르게 전달하고자 경쟁하듯이 하루 배송을 넘어 당일 배송, 이제는 새벽 배송까지 흔하게 이루어지고 있습니다. 고객 입장에서는 온라인으로 무언가를 구매하기가 더 쉬워진 상황이죠. 이러한 배송 트렌드를 반영해 네이버 쇼핑에서도 오늘출발 기능을 선보인 것입니다.

그러나 손쉽게 설정할 수 있는 만큼 유의해야 할 점이 있습니다. 오늘출발 상품이 당일에 출고되지 않으면 페널티가 부여되거나 주문 자체가 취소될 수 있습니다. 재고를 넉넉하게 확보한 상태이고 위탁 배송이 아닌 경우에만 권하며, 오늘출발 기능을 적용할 수 있는 상황인지 충분한 검토가 필요합니다.

구체적인 전략이 필요한 고객 관리

01 리뷰 관리만 잘해도 매출이 쑥쑥

상품 노출 전략을 통해 고객이 상품을 발견하게 하고, 판매 촉진 전략을 통해 고객이 상품을 구매하게 만들었다면 다음 단계는 고객 관리 전략입니다. 고객 관리 전략은 충성고객을 만들거나 다른 고객을 끌어들이는 등 다른 전략의 효과를 극대화하는 역할을 합니다. 따라서 고객 관리는 고객이 상품을 구매하는 과정의 마지막 단계가 아니라, 또 다른 고객의 상품 구매를 유도하는 재시작 단계라고도 할 수 있습니다. 상품을 판매하고 나면 끝인 것 같지만, 고객 관리를 소홀히 하면 다른 고객의 구매 전환율이 현저히 낮아지므로 다른 전략만큼 상당히 신경 써야 합니다. 고객 관리에서 반드시 챙겨야 할 사항들을 자세히 알아보겠습니다.

고객 관리부터 시작하는 리뷰 관리의 선순환

식당을 예로 들어 고객 관리의 중요성을 설명해보겠습니다. 음식이 아무리 맛있어도 서비스가 불친절하면 다시는 그 식당에 가고 싶지 않습니다. 반면에 맛은 평범하더라도 손님에게 맛은 괜찮은지, 반찬이 부족하지는 않은지, 불편한 점이 있는지 물어가며 살뜰하게 챙기면 식당에 대한 호감이 엄청나게 상승합니다. 고객은 아주 작고 사소하지만 진심이 담긴 친절한 서비스에 마음을 바꾸기도 합니다. 온라인 쇼핑몰도 마찬가지입니다. 판매하는 상품의 품질이나 가격 등 기본적인 조건이 경쟁 상품과 거의 유사하다면 어떤 부분에서 차별화 포인트를 만들 수 있을까요?

일반적으로 고객이 상품을 구매하면 주문이 완료되었다는 자동 메시지가 전달되고, 다음으로 택배 업체의 배송 메시지를 받게 됩니다. 고객 관리는 바로 이 지점에서 시작해야 합니다. 여기서 한발 더 나아가 여러분이 상품을 구매했을 때 중간중간 다음과 같은 메시지들을 받았다고 생각해보세요. 상품을 구매하는 순간부터 발송 시작 및 완료 시점까지 고객이 진행 상황을 알 수 있도록 안내하고, 그 과정에서 불편한 점은 없는지 확인하는 것은 기본 중의 기본입니다. 이 작은 친절이 고객을 감동시켜 단골로 만들기도 합니다.

- **상품 주문 접수 시** | "주문이 잘 접수되었습니다. 주문해주셔서 진심으로 감사합니다. 오늘 오후 2시에 차질 없이 발송하겠습니다."
- **상품 배송 시작 시** | "드디어 기다리던 상품이 발송되었습니다. 2일 내로 배송이 완료됩니다. 배송이 완료되지 않을 시 게시판에 글을 남겨주세요."
- **상품 배송 완료 시** | "배송이 완료되었습니다. 상품은 잘 받으셨나요? 혹시 배송 중 문제가 있지는 않았나요?"

다시 식당을 예로 들어보겠습니다. 처음에 주문만 받고 불편한 점이 있든 말든 전혀 신경 쓰지 않는 식당이 좋을까요, 수시로 들여다보며 불편한 점을 파악해 개선하는 식당이 좋을까요? 손님은 절대 귀찮다고 생각하지 않습니다. 오히려 그 친절에 감동해 다른 손님을 데려올 겁니다. 식당에서 가장 무서워하는 손님은 맛이 없다고 혹평을 남기는 손님이 아니라 맛이 없어도 이야기하지 않고 두 번 다시 찾아오지 않는 손님이라고 합니다. 식당을 운영하는 입장에서는 왜 손님이 없는지 영문도 모른 채 마냥 기다려야만 하기 때문입니다.

온라인 쇼핑몰도 마찬가지입니다. 상품을 구매한 고객이 안전하게 배송을 받을 때까지 그 과정에서 문제는 없는지 반드시 파악해야 합니다. 구매 과정에서 불만을 느낀 고객이 아무 말 없이 떠나가게 두는 것이 아니라 적극적으로 나서서 문제점을 해결하는 자세가 필요합니다. 이러한 과정에서 쇼핑몰에 대한 고객의 신뢰도가 상승하고, 리뷰 작성이나 재구매로 이어질 수 있습니다. 작성된 리뷰를 본 다른 고객이 또다시 상품을 구매하게 되고, 그 고객을 같은 방식으로 살뜰히 관리하면 마찬가지로 리뷰 작성이나 재구매로 이어집니다. 고객 관리부터 시작하는 리뷰 관리의 선순환입니다. 이 간단한 원리만 알고 있어도 여러분은 이미 성공한 것이나 다름없습니다.

고객 관리부터 시작하는 리뷰 관리의 선순환

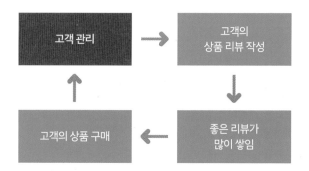

▲ 고객 관리부터 시작하는 리뷰 관리의 선순환

판매자는 상품을 판매하는 모든 과정에서 항상 고객 관리를 최우선순위로 두어야 합니다. 고객 관리의 중요성을 잘 알았다면 지금부터는 리뷰 관리, 고객 응대 등 좀 더 세부적인 고객 관리 전략을 살펴보겠습니다.

상품 구매 결정과 직결되는 고객의 리뷰

상품 리뷰의 중요성은 아무리 강조해도 지나치지 않습니다. 여러분이 온라인 쇼핑몰에서 상품을 구매한 경험을 떠올려보면, 별도로 설명하지 않아도 상품 리뷰의 중요성을 아주 잘 알고 있을 것입니다.

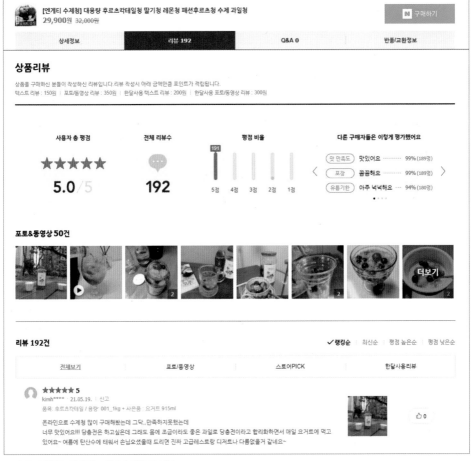

▲ 수제 과일청을 판매하는 엔게티 상품의 리뷰

구매를 고민하는 고객의 결정에 가장 큰 영향을 주는 것이 바로 상품 리뷰입니다. 먼저 구매한 다른 고객의 평이 좋은지, 얼마나 많은 사람이 리뷰를 작성했는지 등에 대한 정보는 고객의 상품 구매에서 결정적인 역할을 합니다. 또한 리뷰 평점은 이어서 소개할 굿서비스 스토어 선정에도 무척 중요한 요소이니 특히 더 신경 써야 합니다.

▲ 리뷰를 작성하면 추가로 지급되는 네이버페이 포인트

상품 리뷰를 작성하도록 유도하는 대표적인 방법이 바로 네이버페이 포인트 지급입니다. 네이버 쇼핑의 강력한 혜택 중 하나가 바로 네이버페이 포인트 지급인데, 고객은 포인트를 받기 위해서라도 리뷰를 작성하곤 합니다. 상품을 등록한 지 얼마 되지 않았다면 리뷰 작성 포인트를 더 많이 지급해 우선 상품 리뷰를 최대한 확보하는 것이 좋습니다. 앞서 이야기했듯이 좋은 리뷰를 받는 것만큼이나 많은 리뷰를 받는 것 역시 아주 중요합니다. 평이 좋은 리뷰가 있더라도 그 수가 적으면 리뷰 자체의 신뢰도가 떨어질 수 있습니다. 가급적이면 더 많은 사람이 입을 모아 좋은 상품이라고 말하게 하는 것이 리뷰의 가치를 더 상승시킵니다. 이 점을 꼭 유의하길 바랍니다.

💡 핵심 콕콕 **TIP** 　상품 리뷰 작성 시 네이버페이 포인트 지급하기

상품 리뷰 작성 시 네이버페이 포인트를 지급하려면 스마트스토어센터에서 [상품관리]의 [상품등록] 메뉴를 클릭해 상품을 등록할 때 [구매/혜택 조건] 항목의 [포인트] 항목을 입력하면 됩니다. 텍스트 리뷰, 사진/동영상 리뷰, 한 달 사용 텍스트 리뷰, 한 달 사용 사진/동영상 리뷰 등 리뷰에 따라 포인트를 차등 지급할 수 있습니다.

<table>
<tr><td>포인트 ⓘ</td><td>☐ 상품 구매 시 지급</td></tr>
</table>

☑ 상품리뷰 작성시 지급 ⓘ

텍스트 리뷰와 포토/동영상 리뷰 포인트는 중복지급되지 않습니다.
포토/동영상 리뷰가 필요하시다면, 포토/동영상 리뷰 작성에 더 많은 포인트를 설정해보세요.

텍스트 리뷰 작성	포토/동영상 리뷰 작성
_____ 원	_____ 원

한달사용 텍스트 리뷰 작성	한달사용 포토/동영상 리뷰 작성
_____ 원	_____ 원

스토어찜 고객리뷰 작성 ⓘ

_____ 원 추가

☐ 특정 기간만 지급

▲ 리뷰를 작성하면 지급되는 네이버페이 포인트 혜택 설정하기

마지막으로 중요한 점은 고객의 상품 리뷰에 꼼꼼하게 답글을 달아주는 것입니다. 모든 고객은 상품을 구매하기 전에 먼저 구매한 사람들의 리뷰를 살펴봅니다. 상품 상세페이지보다 리뷰를 더 꼼꼼하게 살피지요. 이때 판매자가 고객의 리뷰에 답글을 달아둔다면 다른 어떤 항목보다 고객의 눈에 띌 확률이 높습니다. 고객 관리 차원에서 답글을 달아주는 것이기도 하지만, 상품 구매를 망설이는 고객에게 확실한 결정을 내릴 수 있도록 핵심 메시지를 전달하는 것입니다. 이를테면 상품의 품질을 최상으로 끌어올리기 위해 어떤 노력을 했는지, 고객에게 안전하고 빠르게 배송하기까지 어떤 과정으로 진행했는지 등을 리뷰 답글로 달아둔다면 이보다 더 확실한 메시지 전달은 없을 것입니다.

▲ 판매자가 답글을 달아둔 리뷰

리뷰 관리는 스마트스토어센터에서 왼쪽에 있는 [문의/리뷰관리]의 [리뷰 관리] 메뉴를
클릭하면 나타나는 [리뷰 관리] 페이지에서 할 수 있습니다.

▲ 고객의 리뷰를 관리하고 답글을 작성할 수 있는 [리뷰 관리] 페이지

[리뷰 관리] 페이지에서는 작성된 리뷰를 모아서 확인하거나 [답글작성]을 클릭해 리뷰에
답글을 작성할 수 있습니다. [답글작성] 왼쪽에 있는 [베스트리뷰선정·혜택지급]을 클릭
하면 잘 작성된 베스트 리뷰를 선정하고, 혜택으로 네이버페이 포인트나 할인 쿠폰을 지
급할 수 있습니다. 혜택을 지급하지 않고 베스트 리뷰만 선정하는 것도 가능합니다.

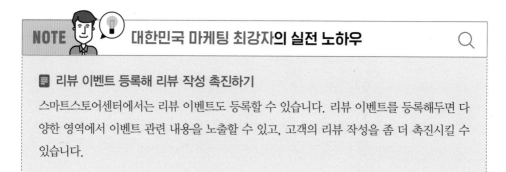

NOTE 대한민국 마케팅 최강자의 실전 노하우

📑 리뷰 이벤트 등록해 리뷰 작성 촉진하기
스마트스토어센터에서는 리뷰 이벤트도 등록할 수 있습니다. 리뷰 이벤트를 등록해두면 다
양한 영역에서 이벤트 관련 내용을 노출할 수 있고, 고객의 리뷰 작성을 좀 더 촉진시킬 수
있습니다.

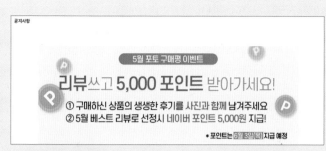

공지사항

▲ 리뷰 이벤트를 등록하면 더 많은 리뷰 확보 가능

스마트스토어센터에서 왼쪽에 있는 [문의/리뷰관리]의 [리뷰이벤트 관리] 메뉴를 클릭하면 리뷰 이벤트를 등록할 수 있는 페이지가 나타납니다. [리뷰이벤트 등록]을 클릭하면 다음과 같이 리뷰 이벤트를 등록할 수 있고, 혜택으로 네이버페이 포인트를 지급할 수 있습니다. 적절히 활용하면 리뷰 확보에 매우 유용하니 주기적으로 계획해서 실행해보길 바랍니다.

▲ 리뷰 이벤트를 등록할 수 있는 [리뷰이벤트 등록] 페이지

굿서비스 스토어 선정을 목표로 관리하기

고객 관리와 리뷰 관리의 중요성을 알았다면 굿서비스 스토어 선정을 목표로 세심하게 관리해봅니다. 스마트스토어는 고객이 믿고 구매할 수 있는 쇼핑몰을 굿서비스 스토어로 선정합니다. 임의로 쇼핑몰을 골라 선정하는 것이 아니라 일정 기준을 만족해야 굿서비스 스토어로 선정합니다.

▲ 쇼핑몰 상단에 표시된 굿서비스 아이콘

굿서비스 스토어로 선정되면 쇼핑몰 상단에 굿서비스 아이콘이 표시될 뿐만 아니라 네이버 쇼핑에서 상품을 검색했을 때 쇼핑몰 이름 아래 판매자 등급과 함께 '굿서비스'가 표시됩니다.

▲ 네이버 쇼핑에서 상품을 검색하면 표시되는 '굿서비스'

굿서비스 스토어는 상품을 구매한 고객의 만족도, 상품의 빠른 배송, 고객의 문의에 대한 응답 등을 기준으로 선정하며, 최근 1개월간 데이터를 수집해 매월 2일에 업데이트합니다. 여기서 상품의 빠른 배송이나 고객 문의 응답은 판매자 스스로 해결할 수 있는 부분이지만, 고객의 만족도는 고객만이 만들어줄 수 있습니다. 앞서 계속 강조한 고객 관리 및 리뷰 관리의 목표가 바로 여기에 있는 것입니다. 리뷰 평점 4.5 이상이 아주 쉬운 목표는 아니지만, 상품의 품질이 일정 수준 이상이고 배송이나 문의 응답 등에 큰 문제가 없다면 어렵지 않게 달성할 수 있습니다.

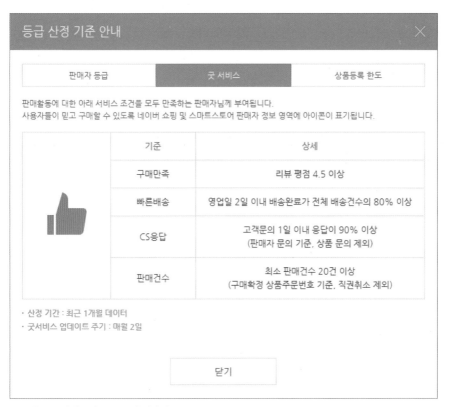

▲ 스마트스토어의 굿서비스 스토어 선정 기준

플래티넘, 프리미엄 등급이 되려면 필요한 굿서비스

굿서비스 스토어 선정은 단순히 고객의 신뢰도를 높이는 역할만 하는 것이 아닙니다. 스마트스토어에는 판매자 등급이 있는데 가장 높은 플래티넘 등급이나 프리미엄 등급이 되려면 굿서비스 스토어 선정 조건을 반드시 만족해야 합니다. 이는 판매건수나 매출만 많다고 해서 높은 등급을 받을 수 있는 것은 아니라는 의미입니다. 고객 관리까지 면밀히 신경 써야 스마트스토어에서 인정하는 쇼핑몰이 될 수 있습니다.

등급 산정 기준 안내

판매자 등급	굿 서비스	상품등록 한도

판매자님의 거래 규모에 따라 구간별로 등급명이 표기 됩니다.
사용자들이 믿고 구매할 수 있도록 네이버 쇼핑 및 스마트스토어 판매자 정보 영역에 아이콘이 표기됩니다.

등급표기		필수조건		
등급명	아이콘 노출	판매건수	판매금액	굿서비스
플래티넘	🛡	100,000건 이상	100억원 이상	조건 충족
프리미엄	🛡	2,000건 이상	6억원 이상	조건 충족
빅파워	🛡	500건 이상	4천만 이상	-
파워	🛡	300건 이상	800만원 이상	-
새싹	-	100건 이상	200만원 이상	
씨앗	-	100건 미만	200만원 미만	

· 산정 기준 : 최근 3개월 누적 데이터, 구매확정 기준(부정거래, 직권취소 및 배송비 제외)
· 등급 업데이트 주기 : 매월 2일 (예) 10월 등급 산정 기준: 7월~9월 총 3개월 누적 데이터 (월:1일~말일)
· 플래티넘과 프리미엄은 거래규모 및 굿서비스 조건까지 충족시 부여되며, 굿서비스 조건 불충족시 빅파워로 부여됩니다
· 새싹 및 씨앗 등급은 네이버 쇼핑 및 스마트스토어 사이트에서도 등급명 및 아이콘이 노출되지 않습니다

▲ 스마트스토어의 판매자 등급 선정 기준

굿서비스 기준 현황은 스마트스토어센터에서 왼쪽에 있는 [판매자정보]의 [판매자 등급] 메뉴를 클릭하면 확인할 수 있습니다. 다음과 같이 [월별 굿서비스 현황]과 [전체 구매자 평점]이 함께 나타납니다. 현황을 수시로 파악하며 점검하는 것이 좋습니다.

▲ 스마트스토어센터에서 확인할 수 있는 굿서비스 현황

02 고객과 소통할 수 있는 네이버 톡톡

스마트스토어로 쇼핑몰을 개설한 뒤 고객과 소통하기에 가장 적합한 도구는 바로 네이버 톡톡입니다. 고객들은 네이버 톡톡을 통해 상품에 관해 문의할 수 있고, 배송 일정을 안내받거나 다양한 이벤트를 확인할 수 있습니다. 판매자 또한 톡톡을 활용하면 손쉽게 고객을 응대할 수 있고 타깃 마케팅도 가능해 판매 촉진 전략을 세우는 데도 유용합니다.

네이버 톡톡 파트너센터 가입하고 연동하기

네이버 톡톡 계정 만들기는 아주 간단하고 쉽습니다. 먼저 네이버 톡톡 파트너센터 (https://partner.talk.naver.com)에 접속합니다. 상단의 [시작하기]를 클릭해 톡톡 계정을 만들 수 있고, [톡톡 가입상담] 또는 [상품소개서 받기]를 클릭하면 네이버 톡톡 활용 관련 정보도 얻을 수 있습니다.

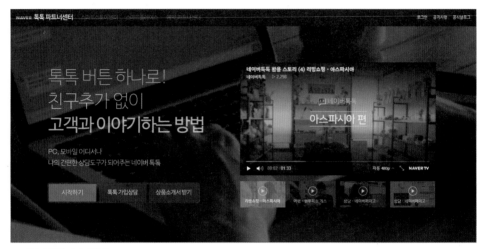

▲ 네이버 톡톡 파트너센터

[시작하기]를 클릭하면 약관 동의, 휴대폰 인증 등의 절차를 거친 후 계정을 만들 수 있습니다. 인증 절차를 완료한 후 [계정 만들기]를 클릭합니다.

▲ 네이버 톡톡 계정 생성 단계

간단히 계정 정보를 입력하고 프로필 이미지를 등록하면 가입을 마무리할 수 있습니다. 이때 프로필명 입력과 프로필 이미지 등록은 필수입니다. 계정 만들기가 완료되면 다음과 같은 메시지가 나타나고, [톡톡 시작하기]를 클릭하면 생성한 계정을 확인할 수 있습니다. 아직 검수 중으로 나타나지만 스마트스토어와는 바로 연동할 수 있습니다.

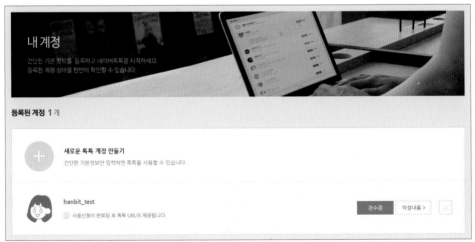

▲ 네이버 톡톡 계정 생성 완료 및 생성된 계정 확인

스마트스토어센터에서 왼쪽에 있는 [톡톡상담관리] 메뉴를 클릭하면 네이버 톡톡을 사용할 수 있는데, 먼저 계정을 연동해야 사용 가능합니다. [톡톡상담관리] 메뉴를 클릭하면 계정을 연동할 수 있는 페이지로 바로 이동합니다. [노출관리]의 [노출 서비스 관리] 메뉴를 클릭해도 동일한 페이지로 이동합니다.

▲ 네이버 톡톡 계정과 스마트스토어 연동 설정

[네이버 톡톡] 항목의 [사용안함]을 클릭해 [사용함]으로 변경합니다. 네이버 톡톡 계정이 바로 연동되며, 연결 정보를 확인하거나 버튼 노출 설정을 변경할 수 있습니다.

▲ 스마트스토어와 연동이 완료된 네이버 톡톡 계정

네이버 톡톡 계정 연동이 완료되었으면 [톡톡상담관리]의 [톡톡 상담하기] 메뉴를 클릭해 사용 가능한 상태를 확인합니다. 고객이 상품이나 배송 등에 관해 문의하면 여기서 답변할 수 있습니다.

▲ 스마트스토어에서 네이버 톡톡 이용하기

📄 **네이버 톡톡으로 타깃 마케팅 진행하기**

네이버 톡톡은 타깃 마케팅에도 최적화된 도구입니다. 네이버 톡톡을 활용해 특정 고객에게 쿠폰 등을 발급하며 홍보 메시지를 보낼 수 있기 때문입니다. 이전에는 고객도 네이버 톡톡을 이용해야만 홍보 메시지를 전달할 수 있었는데, 지금은 고객이 네이버 톡톡을 이용하지 않고 [소식알림]만 설정해도 홍보 메시지가 전달됩니다. 참고로 판매자는 네이버 톡톡을 통해서만 홍보 메시지를 보낼 수 있기 때문에 반드시 계정을 생성해두어야 합니다.

마케팅 메시지만 보내려면 스마트스토어센터에서 왼쪽에 있는 [마케팅메시지]의 [마케팅보내기] 메뉴를 클릭합니다. [소식알림]을 설정해둔 고객에게 마케팅 메시지를 보낼 수 있습니다.

▲ 특정 고객에게 단순 홍보 메시지 발송

쿠폰 등을 발급하며 홍보 메시지를 보내려면 스마트스토어센터에서 왼쪽에 있는 [고객혜택 관리]의 [혜택 등록] 메뉴를 클릭합니다. 혜택 등록에 대한 자세한 설명은 154쪽을 참고하 세요.

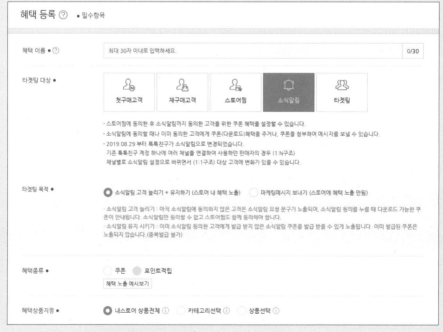

▲ 특정 고객에게 혜택을 포함한 홍보 메시지 발송

판매자 대신 24시간 고객을 응대해주는 쇼핑챗봇

거듭 강조했듯이 판매자는 마음을 다해 고객을 관리해야 합니다. 그러나 이런저런 바쁜 사정으로 고객을 꼼꼼히 관리할 수 없는 판매자도 많습니다. 이런 분들은 반드시 쇼핑챗봇을 활성화해두는 것이 좋습니다. 챗봇은 채팅 로봇의 줄임말로, 쉽게 말하면 자동 고객 응대 시스템입니다. 쇼핑챗봇을 설정해두면 다음과 같이 고객의 문의에 자동으로 답변을 해줍니다. 고객은 미리 설정된 문의 목록을 클릭해 궁금한 사항을 확인할 수 있습니다.

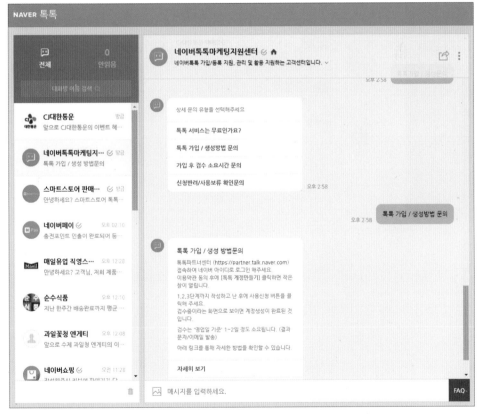

▲ 네이버 톡톡을 활용한 고객 문의

스마트스토어 고객 문의 중 가장 큰 비중을 차지하는 것이 배송 관련 문의입니다. 많은 고객이 배송 관련 문의를 지속적으로 해온다면 응대하는 데 시간이 상당히 소요될 것입니다. 이때 쇼핑챗봇을 활용해 가장 많은 문의 유형을 분류하고 자동 답변을 설정해 고객 응대를 효율적으로 진행합니다. 배송 일정, 배송지 변경, 주문 취소, 교환, 반품, 인기 상품 재고 등의 단순 반복 문의는 쇼핑챗봇의 도움을 받는 것이 좋습니다.

▲ 스마트스토어센터에서 쇼핑챗봇 사용 설정

네이버 톡톡 계정이 연동되어 있다면 쇼핑챗봇 사용 설정 방법은 정말 간단합니다. 스마트스토어센터에서 왼쪽에 있는 [톡톡상담관리]의 [톡톡 쇼핑챗봇 설정] 메뉴를 클릭하면 쇼핑챗봇을 설정할 수 있는 페이지가 나타납니다. 상단의 [쇼핑챗봇 사용 설정]을 클릭해 활성화합니다. 쇼핑챗봇을 활성화하면 다음과 같이 안내 항목 전체가 활성화됩니다. [평균배송일], [배송현황], [인기상품추천], [주문취소/배송지변경], [교환반품] 항목을 설정할 수 있고, 필요에 따라 특정 항목만 비활성화하거나 안내 메시지를 추가할 수도 있습니다. [노출순서 설정하기]를 클릭하면 각 항목의 순서도 변경할 수 있습니다.

나만의 맞춤 쇼핑챗봇을 만들어 활용할 수도 있습니다. 나만의 맞춤 쇼핑챗봇은 스마트스토어센터가 아닌 네이버 톡톡 파트너센터에 접속해야만 만들 수 있습니다. 다시 네이버 톡톡 파트너센터에 접속해 상단의 [시작하기]를 클릭하면 생성한 계정이 나타납니다. 스마트스토어와 연동한 계정의 [계정관리]를 클릭합니다.

▲ 네이버 톡톡 파트너센터에서 등록된 계정 확인

스마트스토어센터처럼 각종 항목을 설정하거나 통계 등을 확인할 수 있는 톡톡 파트너센터 페이지가 나타납니다. 여기에서도 네이버 톡톡을 통해 들어온 문의에 답변할 수 있습니다. 다만 마케팅 메시지 발송 등은 다시 스마트스토어센터로 이동해 설정하라고 안내합니다.

▲ 네이버 톡톡 파트너센터 메인 페이지

네이버 톡톡 파트너센터에서 왼쪽에 있는 [챗봇설정관리]의 [커스텀챗봇에디터] 메뉴를 클릭합니다. 다음과 같이 나만의 쇼핑챗봇을 만들 수 있는 페이지가 나타나면 중앙의 [챗봇 편집하기]를 클릭합니다.

▲ 네이버 톡톡 파트너센터에서 나만의 쇼핑챗봇 설정

나만의 쇼핑챗봇을 만들 수 있는 페이지가 나타나면 이미지와 메시지 등을 변경해 원하는 대로 쇼핑챗봇을 구성할 수 있습니다. [미리보기]를 클릭해 적용된 모습을 확인하며 필요에 따라 구성합니다.

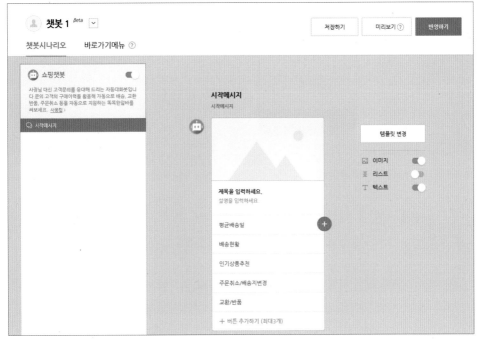

▲ 나만의 쇼핑챗봇을 구성할 수 있는 페이지

왼쪽 상단의 [바로가기메뉴] 탭을 클릭하면 바로가기 메뉴도 설정할 수 있습니다. 바로가기 메뉴는 다음과 같이 네이버 톡톡 하단에 나타납니다. 네이버 톡톡 하단은 특히 더 고객의 눈에 잘 띄는 곳이므로 자주 문의하는 내용이나 고객센터 연락처, 이메일 등을 입력해두면 좋습니다. 네이버 톡톡 대화 중 고객이 언제나 접근할 수 있어 유용하며, 쇼핑챗봇에서 해결할 수 없는 문의가 있으면 고객센터로 바로 연결해주어 고객의 기다림을 최소화할 수 있습니다.

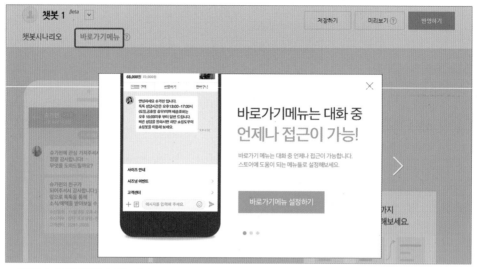

▲ 바로가기 메뉴를 설정할 수 있는 페이지

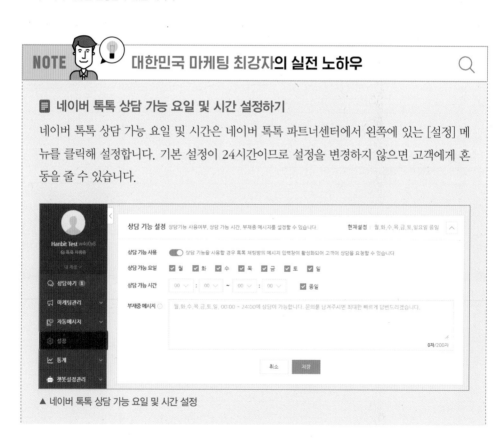

NOTE 대한민국 마케팅 최강자의 실전 노하우

📄 네이버 톡톡 상담 가능 요일 및 시간 설정하기

네이버 톡톡 상담 가능 요일 및 시간은 네이버 톡톡 파트너센터에서 왼쪽에 있는 [설정] 메뉴를 클릭해 설정합니다. 기본 설정이 24시간이므로 설정을 변경하지 않으면 고객에게 혼동을 줄 수 있습니다.

▲ 네이버 톡톡 상담 가능 요일 및 시간 설정

보통 상담 가능 요일은 근무일인 월, 화, 수, 목, 금으로 지정하고, 상담 가능 시간은 9:00~18:00 또는 10:00~17:00 등 업무 시간 내로 지정합니다. 업무 시간 내내 고객 관리가 어렵다면 13:00~:17:00 등 특정 시간으로만 한정할 수도 있습니다. 상황에 맞게 설정합니다.

고객 관리는 고객이 상품을 구매하는 과정의 마지막 단계가 아니라 또 다른 고객의 상품 구매를 유도하는 재시작 단계입니다. 고객 관리를 잘하면 다른 고객을 더 끌어들일 수 있고, 충성 고객도 만들어 구매 전환율을 높일 수 있습니다. 고객 관리를 소홀히 하지 않도록 합니다.

N 스마트스토어

온라인 마케팅
최강자가 알려주는
스마트스토어
마케팅

PART

04

이제는 스마트폰을 사용하지 않는 사람이 거의 없습니다. 게다가 스마트폰 이용자 중 하루에 한 번 이상 SNS에 접속하는 사람이 97.8%에 이릅니다. 대중교통만 이용해보아도 스마트폰으로 페이스북이나 인스타그램, 유튜브를 하고 있는 사람들을 쉽게 발견할 수 있습니다. 우리는 이들에게 상품을 알릴 효율적인 방법을 고민해야 합니다. 온라인 마케팅은 누구에게나 동등한 기회를 제공합니다. 바로 시작해 쉽게 운영할 수 있으며 비용도 들지 않기 때문입니다. PART 04에서는 네이버 블로그, 네이버 모두, 인스타그램 등을 활용한 온라인 마케팅 방법을 알아보고, 온라인 마케팅을 돕는 유용한 도구들도 살펴보겠습니다.

네이버를 활용한 온라인 마케팅

01 스마트스토어 초보 판매자를 위한 네이버 블로그 마케팅

스마트스토어는 네이버 블로그와 떼놓고 설명할 수 없습니다. 네이버 검색 알고리즘이 네이버 쇼핑의 상품 검색 알고리즘과 유사하기 때문입니다. 따라서 스마트스토어 온라인 마케팅을 위한 첫 번째 플랫폼은 당연히 네이버 블로그입니다. 네이버의 검색 알고리즘을 적극 활용해 네이버 쇼핑뿐만 아니라 네이버에서도 상품이 노출될 수 있도록 전략을 세워보겠습니다.

상품 노출 범위 확장을 위한 도구로 활용하기

네이버 쇼핑에서 상품을 검색해 구매하는 사람들은 상품 관련 정보도 네이버에서 찾을 확률이 높습니다. 예를 들어 다이어트 간식을 구매하려 한다면 상품을 추천받기 위해 다음과 같이 '다이어트 간식 추천' 등으로 네이버에 검색합니다. 광고인 [파워링크] 영역을 제외하고 [VIEW] 영역이 제일 먼저 나타나는데, 네이버 카페와 블로그에 작성된 다양한 상품 리뷰를 확인할 수 있습니다.

사반디 5일 전
다노샵간식/오아시스마켓추천인/다이어트간식추천/내돈내산다이...
낮으니 #다이어트간식템추천 다노볼50%행사 10개 12530원 원래 내 최애 닭가슴살
이었다가 요즘은 훈제 닭가슴살만 먹다가 다시 샀음 #단백질닭가슴살큐브 추천 ...

#다노샵 #다노샵다이어트간식 #다노샵프로틴다노바초코

뷰스타 슴그미의 새로고침 인플루언서 2일 전
다이어트간식추천 아임오 풋사과 식이섬유밸런스 젤리로 냠미!
있는 다이어트간식이라 추천 드리고싶어요 :) 2가지 기능성을 한 포에 담아내어 더
욱 마음에 들어 제가... 간편한 다이어트보조제 찾으셨던 분들께 **다이어트간식추천**...

#다이어트간식 #다이어트간식추천 #다이어트보조제 #건강기능식품

노루군의 MAN'S SKIN 인플루언서 2021.01.12.
올리브영 다이어트 간식 추천, 다노 브라운 라이스 소울 시리얼
(시국이 이래서 혼자 했더니 기진맥진) 오늘은, 작년에 올영세일 때 사두었던 저의
올리브영 **다이어트 간식** 시리즈! 몇번째지 모르겠지만 들고 왔습니다! 그 이름도 ...

#올리브영 #올리브영다이어트 #다이어트간식 #올리브영다이어트간식

▲ 네이버에서 '다이어트 간식 추천'으로 검색한 결과

이때 검색 결과에 자신이 판매하는 상품의 리뷰가 담긴 블로그 글이 나타나고, 블로그
글 안에 상품 판매 페이지 링크까지 포함되어 있다면 어떨까요? 잠재 고객이 상품 리뷰
를 인상 깊게 보았다면 상품 판매 페이지 링크를 클릭해 상품 구매까지도 할 수 있습니
다. 네이버 쇼핑에서만 상품을 노출하는 것이 아니기 때문에 네이버를 검색, 쇼핑 등으
로 다양하게 활용하는 고객에게 접근하기가 더 쉬워지는 겁니다.

게다가 네이버 쇼핑의 검색을 거치지 않고 블로그 글에 포함된 링크로 직접 접속해 상
품이 판매되면 수수료가 더 저렴합니다. 고객이 판매 페이지 링크로 직접 접속해 상품
을 구매하면 판매자는 네이버 쇼핑 매출 연동 수수료 2%를 지불하지 않기 때문입니다.
네이버 블로그뿐만 아니라 어떤 플랫폼에서든 네이버 쇼핑을 통하지 않고 링크로 직접
접속하면 네이버 쇼핑 매출 연동 수수료를 지불하지 않아도 됩니다.

스마트스토어는 개설, 상품 등록, 판매 수수료가 무료이고 네이버 쇼핑 매출 연동 수수료와 네이버페이 결제 수수료가 있습니다. 네이버 쇼핑에서 상품이 판매되면 2%의 수수료를 지불해야 하고, 네이버페이 결제 수수료는 신용카드, 계좌 이체 등 지불 수단에 따라 다르지만 1%부터 최대 3.85%까지 지불해야 합니다. 그러나 다른 경로를 통해 상품이 판매되면 네이버 쇼핑 매출 연동 수수료 2%를 지불하지 않아도 됩니다. 스마트스토어 수수료에 관한 자세한 내용은 034쪽을 참고하세요.

수수료까지 낮춰주는 데다가 이만큼 효과 좋은 마케팅 전략이 또 있을까요? 네이버에서 검색 노출로 홍보도 하고 수수료도 낮추는 전략, 그야말로 일석이조 전략입니다. 네이버 쇼핑에서 상품 노출이 어렵다면 네이버에서 상품 노출을 노리는 것도 하나의 방법입니다.

▲ 네이버 블로그 글에 포함된 상품 판매 페이지 링크

물론 네이버에서 블로그를 활용해 상품을 노출시키는 것 또한 쉽지 않은 일이지만, 네이버 검색 알고리즘이 네이버 쇼핑의 상품 검색 알고리즘과 상당히 유사하므로 비슷한 전략으로 접근할 수 있습니다. 먼저 네이버의 두 가지 검색 알고리즘을 알아두는 것이 좋은데, 바로 C-Rank 알고리즘과 D.I.A. 모델입니다. 간단하게 설명하자면 다음과 같습니다.

C-Rank 알고리즘과 D.I.A. 모델

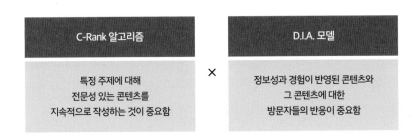

▲ 네이버 검색 알고리즘인 C-Rank 알고리즘과 D.I.A. 모델

블로그에 글을 작성할 때는 기본적으로 이 두 가지를 염두에 두는 것이 좋습니다. 용어가 생소해 어렵게 느껴질 수도 있지만, 사실은 PART 02에서 설명한 네이버 쇼핑 검색 알고리즘과 다를 것이 없습니다. 네이버 쇼핑 검색 알고리즘은 적합도, 인기도, 신뢰도를 바탕으로 상품 검색 결과를 보여줍니다. 이는 네이버 검색 알고리즘이 판단하는 주제, 전문성, 방문자의 반응, 검색 엔진 최적화 등과 유사한 판단 요소입니다. 결국 상품이든 정보든 사용자가 찾는 것과 일치해야 하고, 많은 선택을 받은 것이어야 하며, 신뢰할 수 있도록 정확한 정보를 제공해야 한다는 이야기입니다. 사용자든 고객이든 찾는 것을 명확히 제공해주겠다는 점에서 네이버의 알고리즘과 일맥상통합니다.

무엇보다 PART 03에서 설명한 키워드 전략을 블로그에도 완전히 똑같이 적용할 수 있습니다. 다시 말해 키워드 전략은 네이버 쇼핑에서 판매하는 상품의 상품명에도 적용할 수 있지만, 네이버 블로그에 작성한 글의 제목에도 적용할 수 있습니다. 네이버의 모든 검색 노출은 키워드 싸움입니다. 유효적절한 키워드를 선정하고, 알고리즘에 따라 사용자에게 발견될 수 있도록 하는 작업인 것입니다. 이렇게 배운 알고리즘과 키워드 전략을 네이버 블로그에도 써먹으면서 상품 노출 범위를 최대한 확장해나가는 식으로 적극 활용합니다.

핵심 콕콕 TIP 　네이버 쇼핑 검색 알고리즘과 키워드 전략

네이버 쇼핑 검색 알고리즘이 잘 기억나지 않는다면 063쪽을 참고하고, 키워드 전략은 102쪽을 참고합니다. 네이버 블로그에 적용하는 키워드 전략의 경우 상품수는 제외하고, 검색수와 클릭수 또는 연관 키워드 등을 비교해 유효적절한 키워드를 선정합니다.

다양한 방법으로 활용할 수 있는 블로그 마케팅

네이버 블로그는 접근성이 뛰어나고 고객과 좀 더 편리하게 소통할 수 있다는 장점이 있습니다. 고객의 입장에서는 공식 홈페이지에 글을 작성하는 것보다 블로그에 댓글을 작성하는 게 더 편합니다. 바로 이 점이 블로그 마케팅을 권하는 이유 중 하나입니다. 그런데 많은 분이 쉽게 간과하는 부분이 있습니다. 비용이 들지 않는 데다 효과가 좋은 만큼 때로는 더 많은 시간과 노력이 필요하다는 점입니다. 블로그에 상품 관련 글뿐만 아니라 다양한 소식을 게재하면서 블로그를 관리하는 일은 생각보다 만만치 않습니다. 또한 판매자로서 상품을 관리하고 판매하는 것이 가장 중요한 일이므로 상대적으로 블로그에 할애할 시간이 많지 않을 수 있습니다. 이때 꼭 판매자가 블로그를 운영하거나 상품 관련 글을 작성하지 않아도 다양한 방식으로 블로그 마케팅을 진행할 수 있습니다. 다음 네 가지 경우를 살펴보겠습니다.

1 판매자 스스로 블로그를 운영하며 상품을 소개하는 경우

2 체험단을 모집해 블로그에 상품 관련 리뷰를 작성하게 하는 경우

3 상품을 구매한 고객이 블로그 리뷰 작성 이벤트 등에 참여하는 경우

4 상품을 구매한 고객이 스스로 블로그에 상품 관련 리뷰를 작성하는 경우

첫 번째 경우처럼 판매자 스스로 블로그를 운영하며 상품을 소개할 수도 있지만, 고객의 블로그를 활용해 상품 관련 리뷰를 작성하게 할 수도 있습니다. 상품을 구매한 고객이 스스로 블로그에 상품 관련 리뷰를 작성하는 것이 가장 좋지만, 그게 어렵다면 체험단을 모집하거나 블로그 후기 작성 이벤트를 진행하는 등의 방법을 활용합니다. 체험단은 레뷰, 티블, 포블로그 등 다양한 사이트를 활용해 모집할 수 있고, 블로그 후기 작성 이벤트는 상품 판매 페이지나 홈페이지 등에서 진행하면 됩니다. 물론 이러한 경우는 판매자 스스로 블로그를 운영하는 때와 달리 약간의 비용이 들지만, 광고를 집행하는 것과 비교하면 아주 적은 비용이므로 크게 부담되지 않을 겁니다. 여건에 따라 다양한 방법을 고려해본 후 상황에 맞는 적절한 블로그 마케팅을 진행합니다.

 **NOTE 대한민국 마케팅 최강자의 실전 노하우** 🔍

📋 효과가 좋은 만큼 시간과 노력이 필요한 블로그 마케팅

블로그 마케팅은 마케팅 비용이 부족한 분들에게 적극 권하지만, 비용이 들지 않는 데다 효과가 좋은 만큼 더 많은 시간과 노력이 필요하기도 합니다. 블로그에 상품 관련 글만 작성해 광고인 것 같은 느낌을 주면 오히려 검색 노출이 더 어려우므로 여러 사람이 흥미를 느낄 만한 다양한 정보를 제공해야 합니다. 이러한 준비가 되어 있지 않은 블로그로 시일 내에 효과를 거두려 하면 금방 포기할 수밖에 없습니다. 여건이 따라주지 않는다면 무조건 블로그 마케팅에 공을 들이는 것만이 답은 아닙니다. 다른 SNS를 활용할 수도 있고, 소정의 비용을 들여 다른 마케팅 방법을 고려할 수도 있습니다. 고객을 유입시키는 방법은 한 가지가 아니므로 시간과 노력이 필요하다는 점을 인지하고 상황에 맞는 온라인 마케팅 전략을 세워야 합니다.

네이버 모두(modoo!)를 활용하면 누구나 쉽게 무료로 홈페이지를 만들 수 있습니다. 기본적으로 모바일용 홈페이지를 만들면 PC용 홈페이지도 함께 제작됩니다. 네이버 모두(https://www.modoo.at)에 접속해 [나도 시작하기]를 클릭하고 네이버 아이디로 서비스 이용 동의 절차만 거치면 바로 홈페이지를 제작할 수 있습니다.

▲ 무료로 홈페이지를 만들 수 있는 네이버 모두

만드는 방법도 무척 간단합니다. 맞춤 구성을 위해 이미지가 얼마나 준비되어 있는지, SNS를 사용 중인지, 상품을 판매 중이거나 판매 계획이 있는지 등 사전 질문에 체크한 후 업종에 따른 추천 템플릿을 선택할 수 있습니다. 추천 템플릿을 선택하고 나면 다음과 같이 페이지별로 항목을 입력하거나 이미지를 등록하고 필요한 옵션을 설정합니다. 다른 필요한 페이지도 손쉽게 추가할 수 있습니다. 옵션 설정이 직관적이라 차근차근 읽어보며 입력하면 큰 어려움 없이 근사한 홈페이지를 뚝딱 만들 수 있습니다.

▲ 네이버 모두로 홈페이지를 만드는 과정

네이버 모두로 홈페이지를 만드는 방법은 무척 쉽고 간단하지만, 그래도 잘 모르겠다면 네이버 TV에서 제공하는 무료 동영상 강의(https://tv.naver.com/navermodoo)를 활용하거나 사용자 매뉴얼을 다운로드(https://www.modoo.at/home/main/manual)해 참고합니다.

온라인 마케팅의 중심 채널로 활용하기

네이버 모두로 만든 홈페이지는 다양한 기능을 제공하는 것은 물론 스마트스토어와 연동할 수도 있어 활용도가 높습니다. 게다가 모든 서비스를 무료로 이용할 수 있어 많은 인기를 얻고 있습니다. 네이버 모두로 만든 홈페이지를 온라인 마케팅의 중심 채널로 활용하거나 랜딩페이지로 활용하면 좋습니다. 특히 블로그, 페이스북, 인스타그램 등 여러 SNS를 운영하고 있다면 홈페이지에 링크를 연동해두고 고객으로 하여금 관련 정보를 손쉽게 얻을 수 있게 하는 겁니다. 뿔뿔이 흩어져 있던 쇼핑몰 관련 플랫폼들을 하나로 모아두고 관련 정보를 제공하면 고객의 신뢰도를 더욱 높일 수 있습니다.

▲ 네이버 모두로 만든 홈페이지가 제공하는 다양한 기능

또한 네이버 모두로 만든 홈페이지는 네이버 검색 엔진뿐만 아니라 구글 등 다른 검색 엔진에도 검색 시 노출됩니다. 상품 노출 범위는 최대한 확장해두는 것이 좋습니다. 더 많은 잠재 고객에게 상품 정보가 도달할수록 구매로 이어지는 고객이 더 많아질 수 있기 때문입니다. 네이버의 잠재 고객만 해도 어마어마한데 구글 등 다른 검색 엔진의 잠재 고객까지 끌어올 수 있다면 그 효과는 상상 이상일 것입니다.

스마트스토어와 연동할 수 있는 네이버 모두

네이버 모두로 만든 홈페이지의 가장 큰 장점은 스마트스토어와 연동할 수 있다는 점입니다. 다음과 같이 홈페이지에 스마트스토어에서 판매하고 있는 상품의 상품명, 사진, 금액 등 상품 관련 정보를 보여줄 수 있습니다.

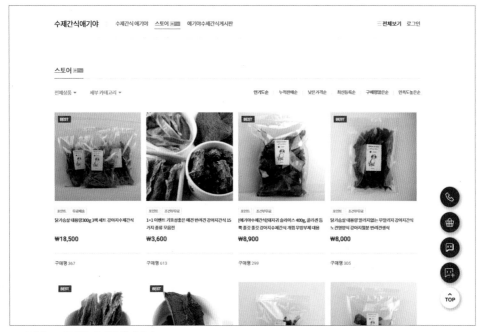

▲ 네이버 모두를 활용해 만든 홈페이지

상품 정보를 클릭하면 다음과 같이 상품을 판매하는 스마트스토어로 바로 이동해 자연스럽게 이중 홍보 효과를 누릴 수 있습니다. 앞서 이야기했듯이 상품 노출 범위를 확장하면 고객 유입의 증가로 이어지므로 최대한 많은 곳에 상품을 노출시켜 많은 고객이 유입될 수 있게 해야 합니다. 실제로 상품 판매 통계 중 고객의 유입 경로를 살펴보면 네이버 모두로 만든 홈페이지를 통해 고객이 제법 유입되곤 합니다.

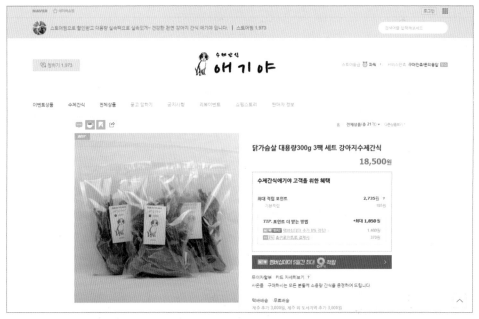

▲ 네이버 모두로 만든 홈페이지에서 스마트스토어로 연결

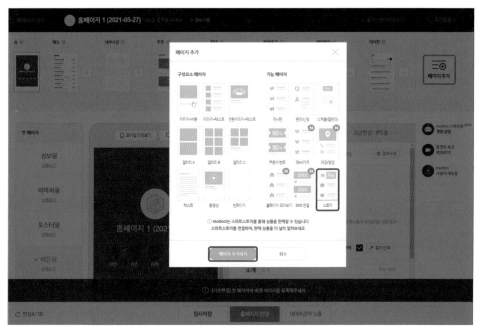

▲ 네이버 모두 홈페이지 편집 페이지에서 스마트스토어 연동

네이버 모두로 만든 홈페이지에 스마트스토어를 연동하는 방법은 아주 간단합니다. 네이버 모두 홈페이지 편집 페이지에서 오른쪽 상단의 [페이지 추가]를 클릭합니다. [스토어]를 선택하고 [페이지 추가하기]를 클릭하면 연결할 스마트스토어를 선택할 수 있습니다. 참고로 스마트스토어는 딱 하나만 연동할 수 있습니다.

네이버 블로그 마케팅은 꽤 많은 시간이 소요될 수 있지만, 네이버 모두 홈페이지는 일단 만들고 나면 관리가 매우 간편하므로 상품 노출 범위 확장용으로 하나쯤 만들어두고 활용하면 좋습니다.

틈새시장을 공략하는
SNS 마케팅

01 대한민국 마케팅 최강자의 인스타그램 마케팅

인스타그램이 스마트스토어를 위한 SNS 마케팅에 적합한 이유

현재 국내에서 가장 인기 있는 SNS는 단연 인스타그램입니다. 인스타그램은 이미지 중심의 SNS로, 간단하게 사진을 업로드하거나 다른 사람이 업로드한 사진을 확인할 수 있습니다. 인스타그램 사용자들은 업로드한 사진을 통해 자신을 표현하고, 다른 사람이 업로드한 사진을 통해 간편하게 필요한 정보를 얻기도 하며 트렌드에 편승하거나 트렌드를 선도합니다. 여전히 이런 흐름이 유효하다 보니 국내 최대 검색 포털 사이트인 네이버에서 스마트스토어를 시작했듯이, SNS 마케팅 또한 인스타그램에서 시작하는 것이 당연합니다. 게다가 인스타그램은 다음과 같은 이유로 다른 SNS 마케팅보다 시간 투여 대비 효과도 좋습니다.

1 브랜딩이 가능하고 고객과 친밀하게 소통할 수 있다.

2 고객 간 입소문을 통한 바이럴 마케팅이 가능하다.

3 비즈니스 계정에 대한 거부감이 상대적으로 덜하다.

4 사진에 상품 판매 페이지 링크를 연결할 수 있다.

브랜딩은 거창한 것이 아닙니다. 상품 제작 과정이나 상품의 특장점 등을 소개하며 사진을 업로드하고 자연스럽게 관련 이야기를 담습니다. 이때 단순히 상품만 내세우기보다는 판매자의 판매 철학을 담거나 일에 대한 열정을 보여주어도 좋습니다. 진심이 담긴 스토리는 고객에게 또 다른 울림을 주어 고객의 마음을 움직이기에 충분합니다. 이는 곧 상품에 대한 관심으로도 이어질 가능성이 높습니다.

판매자의 소식을 자주 접한 고객은 판매자에게 친근함을 느끼게 되므로 인스타그램을 통해 상품 정보를 접했을 때도 거부감을 많이 느끼지 않습니다. 이렇게 사용자와의 관계 형성을 통한 마케팅이 진행되다 보니 고객 간 입소문을 통한 바이럴 마케팅도 훨씬 유리합니다. 고객들이 자발적으로 상품을 추천하거나 상품 관련 이야기를 널리 퍼뜨리는 것입니다.

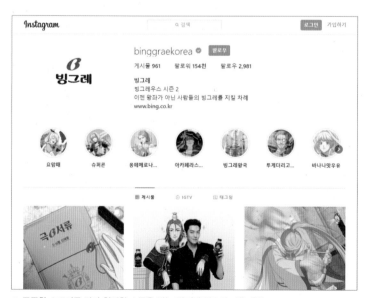

▲ 독특한 스토리를 담아 친밀한 소통을 하는 빙그레 인스타그램 계정

인스타그램은 다른 SNS보다 상대적으로 비즈니스 계정에 대한 거부감이 덜합니다. 앞서 소개한 빙그레처럼 독특한 스토리를 담아 광고라는 느낌을 주지 않고 친밀하게 소통하는 비즈니스 계정도 많기 때문에 인식이 나쁘지 않습니다. 게다가 일부러 자신이 좋아하는 브랜드의 비즈니스 계정을 팔로우하고 새로운 소식을 받아보기도 합니다. 인스타그램에 업로드되는 콘텐츠는 상대적으로 빠르게 확인하고 넘길 수 있는 간단한 콘텐츠가 많습니다. 판매자는 고객이 부담을 느끼지 않는 선에서 고객에게 다가갈 수 있는 것입니다.

▲ 쇼핑 태그를 활용한 인스타그램 게시물

사진에 상품 판매 페이지 링크를 연결할 수 있는 쇼핑 태그는 스마트스토어 판매자라면 반드시 알아두어야 하는 기능입니다. 쇼핑 태그를 활용하면 사진 속 상품의 상품명과 가격 정보를 바로 확인할 수 있고, 상품 판매 페이지로 이동해 상품을 바로 구매할 수도 있습니다. 손쉽게 쇼핑몰로 이동해 판매하는 상품을 확인할 수 있으므로 고객 유입이 눈에 띄게 증가합니다.

📋 **인스타그램 비즈니스 계정으로 전환하기**

쇼핑 태그를 활용하려면 비즈니스 계정(프로페셔널 계정)으로 전환하고 페이스북 페이지에 연결한 후 제품 카탈로그 업로드 등의 과정을 거쳐야 합니다. 이 과정은 조금 복잡하지만 차근차근 따라 하면 어렵지 않습니다. 다만 업데이트에 따라 과정이 달라질 수 있으니 자세한 내용은 인스타그램 설정 가이드(https://business.instagram.com/shopping/setup?locale=ko_KR)를 참조하길 바랍니다. 인스타그램은 상대적으로 비즈니스 계정에 대한 거부감이 덜하므로 비즈니스 계정으로 전환한 후 인스타그램에서 제공하는 인사이트 정보도 활용해보세요. 도달률, 노출 대비 방문수, 게시물별 인사이트 등 다양한 통계 자료를 확인할 수 있어 마케팅 활용도가 매우 높습니다. 잠재 고객의 유입과 반응을 확인할 수 있으니 적극 활용하길 바랍니다.

인스타그램 마케팅의 핵심, 해시태그와 팔로워

인스타그램 마케팅에서 가장 중요한 것은 해시태그와 팔로워입니다. 이 두 가지는 꼭 알아두어야 합니다. 개념부터 살펴보겠습니다.

- **해시태그(#)** | 특정 핵심어 앞에 # 기호를 붙여 써서 식별을 용이하게 하는 메타데이터 태그의 한 형태. 해시태그를 붙이면 소셜 네트워크 서비스에서 분류 및 검색이 편리함
- **팔로워** | 소통망 서비스에서 특정한 사람이나 업체 따위의 계정을 즐겨 찾고 따르는 사람을 이르는 말

출처 : 우리말샘(https://opendict.korean.go.kr/main)

인스타그램의 핵심은 해시태그(#)입니다. 해시태그는 게시글과 댓글은 물론 상단 프로필 영역에도 작성할 수 있습니다. 키워드에 해시태그를 붙여 작성하면 해시태그를 붙인 단어(또는 여백 없는 구절)로 검색해 모아 볼 수 있습니다. 해시태그 키워드에 관심 있

는 사용자들이 찾아올 수 있는 것입니다. 이러한 특징 덕에 해시태그를 활용한 이벤트도 진행할 수 있습니다. 특정 키워드로 해시태그를 작성하고 사진과 글을 업로드하는 방식으로 참여하게 만드는 겁니다. 다른 사용자에게 확산되는 효과도 있어 꽤 유용한 마케팅 전략입니다. 이처럼 해시태그는 잠재 고객을 연결해주는 다리와 같은 역할이므로 효과적인 인스타그램 마케팅을 위해서는 해시태그를 정확히 알고 사용해야 합니다.

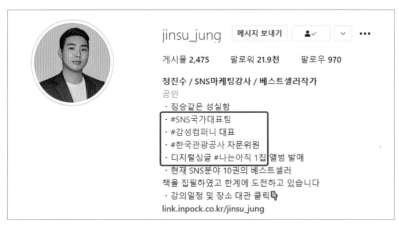

▲ 상단 프로필 영역에 작성된 해시태그

인스타그램에서 가장 많이 쓰이는 해시태그는 일상, 소통, 맞팔(서로 팔로우하는 것), 데일리, 선팔(먼저 팔로우하는 것), 좋아요, 패션, 음식, 여행 등인데, 이러한 키워드는 팔로워나 유입을 늘릴 수는 있지만 상품과의 연관성이 부족해 자칫 마케팅 타깃이 불분명해질 수 있습니다. 상품이나 브랜드를 적절하게 표현할 수 있고, 고객에게 기억되길 바라는 키워드를 중심으로 해시태그를 작성하는 것이 좋습니다. 물론 사업 초기에 마케팅 타깃과 상관없이 최대한 노출시키는 것만이 목표라면 주요 인기 해시태그를 최대한 많이 작성해 업로드하는 것도 방법입니다.

팔로워는 말 그대로 내 인스타그램 소식을 받아보는 사람, 반대로 팔로우는 내가 소식을 받아보는 사람입니다. 팔로워가 많으면 상품 및 콘텐츠를 알릴 사람도 많아지는 것이므로 당연히 적은 것보다는 많은 게 낫습니다. 그러나 팔로워를 늘리는 일은 챙길 것도 많고 시간도 꽤 많이 소요됩니다. 먼저 찾아온 잠재 고객에게 지속적으로 관심을 보이며 소통해야 하고, 관련 해시태그 키워드로 검색해 먼저 찾아가거나 상품에 관심을 가질 만한 사람을 팔로우도 해야 합니다. 쉽지 않지만 인스타그램을 마케팅 도구로 활용한다면 기본적으로 꾸준히 해야 하는 일입니다. 이어서 단시간에 팔로워도 늘리고 상품도 홍보할 수 있는 두 가지 이벤트 전략을 소개하겠습니다.

인스타그램을 활용한 상품 무료 제공 이벤트

이 책에서 자주 언급한 프리미엄 수제청 브랜드 엔게티는 인스타그램 마케팅을 효과적으로 활용해 고객 유입 및 높은 매출을 이루어낸 사례입니다. 엔게티도 사업 초기에는 하루 평균 3~5건의 주문이 전부인 수많은 수제청 판매 업체 중 하나였습니다. 그러나 소수의 고객에게 이미 맛을 인정받았고 '프리미엄 수제청 브랜드'라는 콘셉트에 걸맞게 브랜딩도 잘되어 있었습니다. 주문 제작 상품이라 재고 문제도 없었고 상품 사진과 상세페이지 또한 고객의 감성을 자극하기에 충분했습니다.

문제는 고객이 알아서 찾아와주길 바라기에는 온라인 시장의 경쟁이 너무 극심하다는 점이었습니다. 다른 채널을 통해 적극적으로 상품을 알리지 않으면 고객이 찾아올 길이 없었던 겁니다. 이때 엔게티가 선택한 마케팅 채널이 인스타그램입니다. 엔게티는 잠재 고객의 감성을 자극할 만한 과일청 사진, 오프라인 행사(플리 마켓, 킨텍스 박람회) 사진, 유명인의 상품 리뷰 후기, 이벤트 등을 꾸준히 업로드하기 시작했습니다. 해시태그로 검색해 상품에 관심을 가질 만한 사람의 계정을 찾아가기도 하고 팔로우, 맞팔도 꾸준히 하며 고객 또는 잠재 고객과 소통했습니다.

다만 이렇게 열심히 인스타그램을 관리해도 초반에는 구매 전환율이 크게 늘지 않았습니다. 고객 유입이 조금씩 늘고 있었기 때문에 꾸준히 계정을 관리해야겠다는 생각은 했지만, 언제까지나 의미 없는 마케팅 활동에 시간을 투자할 수는 없었습니다. 결정적인 한 방이 필요했죠.

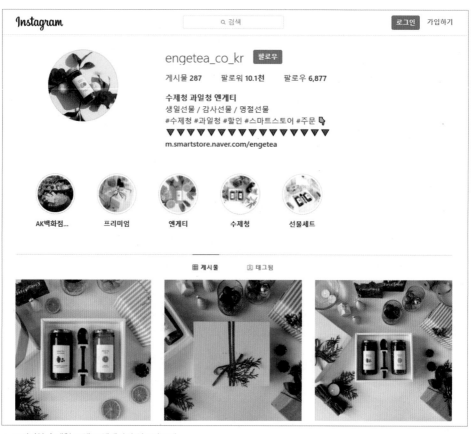

▲ 프리미엄 수제청 브랜드 엔게티의 인스타그램

엔게티가 선택한 결정적인 한 방은 상품을 무료로 제공하는 100% 당첨 이벤트였습니다. 맛이 있는지 없는지 고객이 알아야 구매도 하지 않겠느냐는 고민에서 시작해 관심 있는 고객에게 먼저 상품을 맛보게 해주려 한 겁니다. 이벤트 참여 방법도 아주 간단했습니다. 정해진 기간 내에 팔로우하고, 리그램(게시물을 재공유하는 것)하고, 댓글을 작성하면 참여가 완료되는데, 결론부터 이야기하면 이 이벤트는 대성공이었습니다.

사실 팔로워가 많지 않다 보니 이벤트를 개시한 첫날은 참여자가 매우 적었습니다. 이 때만 해도 큰 기대는 하지 않았는데 팔로워의 팔로워가 계속해서 이벤트를 알게 되는 인스타그램 이벤트의 특성상 나날이 참여자가 늘었습니다. 참여 방법도 간단하고 인스타그램 사용자들이 좋아하는 바이럴 이벤트이다 보니 별도의 광고를 진행하지 않아도 좋아요를 많이 받았고 900개에 달하는 댓글이 달렸습니다.

약간의 비용이 들었지만 이 이벤트는 엔게티라는 이름을 제대로 알리는 계기가 되었습니다. 많은 팔로워를 만들어냈고, 이벤트 상품을 받아본 사람들은 후기를 작성하거나 입소문을 내어 상품 홍보에 가담했습니다. 이 시기를 기점으로 인스타그램의 팔로워가 많아진 것은 물론 상품 판매가 점차 늘기 시작했으며, 긍정적인 브랜드 인식에도 큰 영향을 끼쳤습니다.

▲ 상품을 무료로 제공하는 100% 당첨 이벤트

이벤트가 종료된 후에는 이벤트 종료를 알리며 주소 수집 및 발송에 관한 공지 게시물을 업로드하고, 고객의 관심에 대한 감사 인사도 잊지 않았습니다. 이와 더불어 고객에게 후기 작성을 부탁했고 실제로 많은 고객이 후기를 작성해주었습니다.

▲ 이벤트 종료를 알리는 인스타그램 게시물

사업 초기 또는 신제품을 출시했을 때 홍보 및 마케팅이 너무 막막하다면 고객이 상품을 체험해볼 수 있도록 제공하는 것도 고려해보길 바랍니다. 물론 자본 상황에 따라 다르겠지만, 효과만큼은 아주 강력하다는 것을 장담할 수 있습니다. 특히 수많은 경쟁 업체와 다퉈야 하는 광고에 비하면 입소문을 기반으로 하기 때문에 다양한 방면으로 제품을 알리는 데 도움이 됩니다.

인스타그램을 활용한 공동 구매 이벤트

다음으로 소개할 것은 공동 구매 이벤트입니다. 공동 구매는 온라인으로 상품을 판매하는 사람이라면 한 번쯤 생각해보는 마케팅 전략이지만, 어떤 방식으로 진행해야 효과를 극대화할 수 있을지 그 방법에 대해서는 구체적인 고민이 필요합니다. 단순히 상품 가격을 저렴하게 책정해 많이 판매하는 것만으로도 만족할 수 있지만, 고객 유입 자체가 없으면 가격이 저렴하다는 것을 소개할 방법조차 없습니다. 엔게티는 최소한의 비용을 들여 공동 구매 페이지에 고객을 유입시키고 구매 전환을 일으킬 방법을 고민했습니다. 공동 구매 페이지가 스마트스토어라면 네이버 쇼핑에서 상품 순위가 오르는 효과까지 거둘 수 있습니다. 엔게티는 이때도 역시 인스타그램을 택했습니다.

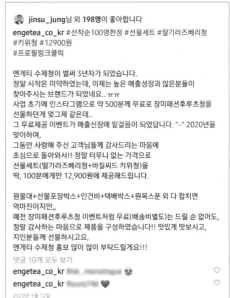

▲ 인스타그램을 활용한 공동 구매 이벤트

먼저 3주년이라는 명분으로 공동 구매 이벤트를 진행하는 이유를 구체적으로 적고, 고객에게 감사 인사를 하는 것도 잊지 않았습니다. 공동 구매 이벤트를 진행할 때 스토리가 중요한 이유는 저렴한 가격을 내세워 상품을 처분해버린다는 느낌을 주지 않기 위해서입니다. 또한 마케팅 타깃을 잘 고려해 상품을 선정해야 합니다. 성별이나 시즌도 고려하고, 인기가 많은 상품을 원하는지 가격이 저렴한 상품을 원하는지 잠재 고객의 니즈도 함께 파악해야 합니다. 엔게티는 명절 2주 전에 이벤트를 시작했고, 선물세트에 할인가를 적용해 선착순 100명을 대상으로 공동 구매를 진행했습니다.

이때 중요한 것은 고객이 공동 구매 페이지에 쉽게 접근할 수 있는 장치를 마련하는 것입니다. 이벤트 게시물에는 '#프로필링크클릭'이라는 해시태그를 작성합니다. 검색 목적이 아니므로 굳이 해시태그로 작성하지 않아도 되지만, 해시태그가 더 눈에 띄므로 가급적 해시태그로 작성합니다. 프로필 영역에는 공동 구매 페이지 링크를 작성해둡니다. 인스타그램 게시물에는 링크를 작성해도 자동으로 연결되지 않습니다. 고객이 바로 클릭해 접속할 수 있는 부분은 프로필 영역뿐입니다. 인스타그램 계정이 비즈니스 계정 (프로페셔널 계정)이라면 게시물에 바로 쇼핑 태그를 연동하는 것도 방법입니다.

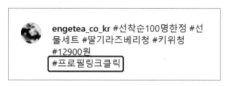

▲ 프로필 영역에 공동 구매 페이지 링크 연결

공동 구매 이벤트 또한 단기간에 매출을 끌어올리는 데 많은 도움이 되었습니다. 판매 통계 자료를 살펴보면 공동 구매 이벤트 기간에 판매가 급증하는 것을 확인할 수 있습니다. 주기적으로 고객 감사 이벤트라는 명목하에 공동 구매 이벤트를 진행하면, 상품 판매지수도 빠르게 올릴 수 있고 상품 리뷰도 빨리 모을 수 있습니다. 상황에 맞게 적절한 이벤트 방식을 활용하면 됩니다.

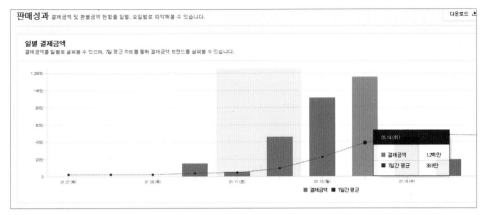

▲ 단기간에 매출을 끌어올릴 수 있는 공동 구매 이벤트

이벤트 기간에 인스타그램 유입수가 대폭 증가한 것을 확인할 수 있습니다. 유입당 결제율은 낮지만, 이는 인스타그램으로 유입되었어도 네이버페이로 결제한 비율이 높기 때문입니다. 이러한 판매 통계 자료를 함께 살펴보며 이벤트 성과를 점검하는 것도 중요합니다. 애써 시간과 비용을 들여 진행했는데 성과가 나지 않는 이벤트였다면 다시 진행할 필요가 없기 때문입니다.

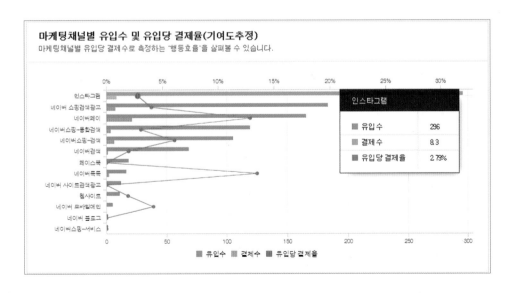

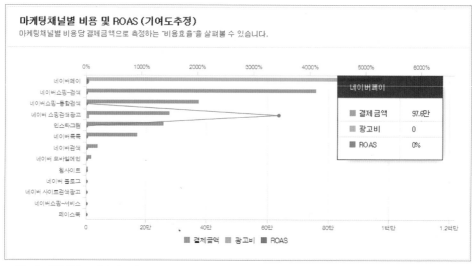

▲ 인스타그램을 통한 고객 유입 증가

마지막으로 이벤트가 종료된 후에는 반드시 이벤트 종료를 알리며 결과에 관한 게시물을 작성해야 합니다. 이벤트에 참여한 고객이나 참여하진 않았지만 관심이 있는 고객들은 결과를 궁금해하기 마련입니다.

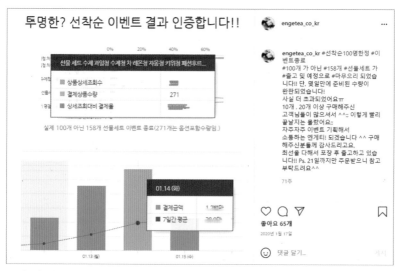

▲ 인스타그램 이벤트 종료 알림 및 결과 발표

이벤트 종료를 알릴 때 다음 이벤트에 대한 예고도 살짝 비춘다면 이후에 고객들은 이벤트를 기다리며 인스타그램의 소식을 주의 깊게 살펴보게 될 것입니다. 또한 이벤트 진행 시 필요하다면 광고 집행도 고려해보길 바랍니다. 단기간에 고객을 최대한 많이 유입시켜야 할 때 큰 도움이 될 수 있습니다.

02 다양한 전략으로 활용할 수 있는 SNS 마케팅

페이스북 마케팅과 유튜브 마케팅에 대해 간략하게 소개해보겠습니다. 스마트스토어에서 판매하는 상품의 특성에 따라 마케팅 채널을 선택해야 하지만, 요즘은 대부분 인스타그램을 메인 채널로 활용합니다. 관리할 시간 여유가 있다면 페이스북, 유튜브를 보조 채널 정도로 활용하는 것이 좋습니다. 각 채널의 특징을 간단히 알아보겠습니다.

잠재 고객을 관리하는 페이스북 마케팅

페이스북은 직접적인 상품 홍보 채널이 아니라 상품 순위에 반영되는 인기도를 높이는 트래픽 유발 장치 정도로 활용하는 것이 좋습니다. 그동안 페이스북의 뉴스피드가 상업적으로 많이 활용되어 요즘에는 '가족이나 친구와의 소통'이 중심인 페이스북 본연의 모습으로 돌아가려는 시도가 이루어지고 있습니다. 앞으로 페이스북에서는 광고를 집행하지 않는 이상 상업적 마케팅은 어려울 가능성이 큽니다.

오히려 약간의 비용을 투자해 페이스북 타깃 광고를 집행하는 것이 페이스북을 활용하는 더 효과적인 방법일 수 있습니다. 타깃 광고는 상품을 구매할 만한 잠재 고객에게만 광고를 노출합니다. 이를 관심사 기반 타기팅 광고라고도 합니다. 마케팅 타깃에 정확하게 도달하며, 불특정 다수에게 노출되는 광고보다 비용이 적고 효과가 크다는 점에서 효용성이 높습니다.

▲ 트래픽 유발 장치로 활용할 수 있는 페이스북

상황이 이렇다고는 하지만 광고 외에도 활용 방법은 많습니다. 페이스북에서 주로 활용할 수 있는 콘텐츠는 카드뉴스와 동영상입니다. 이를 활용해 도움이 되는 콘텐츠를 생산하고 자연스레 잠재 고객을 늘려가는 것이 좋습니다. 관심사가 비슷한 사람들이 모여 소통하는 페이스북 그룹을 이용해도 좋습니다. 잠재 고객이 많은 그룹에 가입하거나 직접 개설해서 운영할 수도 있습니다. 페이스북 그룹에서는 소통이나 정보 전달뿐만 아니라 혜택을 주는 이벤트를 진행하는 것도 유용한 방법입니다.

놓칠 수 없는 대세 플랫폼, 유튜브 마케팅

마케팅에 관심이 많은 스마트스토어 판매자라면 동영상 플랫폼인 유튜브 또한 놓쳐서는 안 됩니다. 유튜브의 영향력은 이제 설명이 필요 없을 정도로 모두가 잘 알고 있습니다. 글로만 구성된 콘텐츠의 전달력은 30%, 이미지가 삽입되면 50%, 동영상이 더해지면 70% 이상의 전달력을 갖춘다고 합니다. 그만큼 동영상은 직관적이고 뇌리에 오래 남습니다. 콘텐츠 전달력도 뛰어나므로 이제는 많은 사람이 동영상을 통해 지식과 정보를 얻습니다.

▲ 유튜브 〈클래스101〉 채널에 소개된 엔게티

그러나 유튜브는 영향력이 뛰어난 만큼 다른 마케팅 채널보다 운영 및 관리에 굉장히 많은 시간이 소요됩니다. 동영상을 편집하고 업로드하는 일이 만만치 않기 때문입니다. 유튜브 채널을 직접 운영하며 상품을 홍보하는 것도 방법이지만, 유튜버에게 광고를 의

뢰하거나 제품 협찬 등을 진행하는 방법도 고려해볼 수 있습니다. 또한 유튜브 광고를 집행하는 것도 하나의 전략이 될 수 있는데, 유튜브 광고를 집행하려면 기본적으로 상품을 알릴 수 있는 동영상이 준비되어 있어야 합니다.

NOTE 대한민국 마케팅 최강자의 실전 노하우 🔍

📋 파급력이 어마어마한 인플루언서 마케팅

인플루언서(Influencer)란 대중에게 영향력을 행사하는 사람을 의미합니다. 영향력이 큰 블로그를 운영하는 파워 블로거, 많은 팔로워를 보유한 SNS 사용자, 많은 구독자를 보유한 유튜버를 인플루언서라 할 수 있습니다. 인플루언서 마케팅은 이들을 통해 제품이나 서비스를 홍보하는 것입니다. 인플루언서 마케팅이 인기 있는 이유는 이들이 직접 사용하고 알려주는 후기 같은 광고가 일반 광고보다 거부감이 적고, 소비자의 구매 욕구를 자극하기 때문입니다. 또한 기본적으로 많은 인기를 얻고 있는 사람들이라 광고하는 상품의 이미지까지 좋아지기도 합니다. 다만 주의할 점은 인플루언서를 통해 광고를 의뢰할 때는 광고임을 반드시 명시해야 합니다. 그렇지 않으면 공정거래위원회의 제재를 받을 수 있으며, 소비자를 기만하는 행위라 브랜드의 이미지가 나빠질 수 있습니다. 이러한 부분만 조심한다면 적은 비용으로 효과 좋은 마케팅을 진행할 수 있습니다.

온라인 마케팅을 돕는 유용한 도구들

01 온라인 마케팅에 중요한 상품 노출 순위 확인

상품 노출 순위 확인이 중요한 이유

상품을 등록한 후 상품 노출 전략을 세우고 판매 촉진 활동을 펼칠 때 아주 중요한 또하나가 있습니다. 바로 상품이 네이버 쇼핑에 제대로 노출되고 있는지, 그렇다면 어디에 노출되고 있는지 확인하는 일입니다. 상품 노출 영역이 확인되면 온라인 마케팅 전략을 세우고 점검하는 일이 좀 더 수월해집니다. 광고 집행을 계획하고 있다면 비용 산출에도 유용합니다. 상품 노출 영역을 모르는 상태에서 진행할 수도 있지만, 이는 데이터가 아닌 감에 의존하는 상황이 되므로 판매자라면 상품 노출 영역을 항상 확인하고잘 알아두어야 합니다.

상품을 등록했을 때 네이버 쇼핑과 연동되려면 대략 짧게는 한 시간, 길게는 하루 정도소요됩니다. 네이버 쇼핑과 연동되고 나면 고객들이 상품을 검색해서 찾을 수 있는지 점검해야 하는데, 이때 주의할 점은 주요 키워드가 아닌 상품명 그대로를 먼저 검색해보는 것입니다. 이는 상품이 네이버 쇼핑에 제대로 노출되고 있는지 확인하는 일입니다.

검색했을 때 다음과 같이 등록한 상품명 그대로 상품이 나타나면 제대로 노출되고 있는 것입니다.

▲ 상품 등록 후 상품명 그대로 네이버 쇼핑에 검색해보기

💡 핵심 콕콕 TIP   검색 시 상품이 제대로 노출되지 않을 때

상품명 그대로 검색했는데 상품이 노출되지 않는다면, 상품 정보 입력 가이드를 잘 따랐는지 확인해봅니다. 검색 엔진 최적화를 위한 상품 정보 입력 가이드에 관해 잘 기억나지 않는다면 075쪽을 참고하세요. 상품 정보 입력 가이드도 잘 따랐는데 상품이 노출되지 않는다면, 네이버 쇼핑의 정책을 위반하지는 않았는지 점검해보아야 합니다.

그다음엔 주요 키워드(메인 키워드, 서브 키워드)로 검색해 어느 순위쯤 노출되고 있는지 확인해야 합니다. 다만 상품을 등록하고 네이버 쇼핑과 연동되자마자 검색해서 상품을 찾기는 쉽지 않습니다. 네이버 쇼핑에서는 이미 수많은 상품이 판매되고 있고, 검색해도 이제 막 등록한 상품이 먼저 노출될 일은 거의 없기 때문입니다. 비교적 경쟁이 덜 치열한 서브 키워드의 경우 몇 페이지 내에 나타날 수는 있지만, 몇 페이지 내에 나타나더라도 등록한 상품을 모두 일일이 찾는 일은 굉장히 번거롭습니다. 특히 등록한 상품이 많으면 많을수록 수작업으로 상품마다 일일이 노출 순위를 확인하는 일은 불가능에 가깝습니다.

상황이 이렇다 보니 다양한 마케팅 업체에서 상품 순위를 확인할 수 있는 서비스를 선보이기 시작했습니다. 현재는 직접 검색해서 찾지 않아도 상품 순위를 바로 확인할 수 있습니다. 지금부터 상품 순위를 확인할 수 있는 몇몇 서비스를 소개하겠습니다.

네이버 쇼핑의 실시간 상품 순위를 확인하는 사장님닷컴

첫 번째는 사장님닷컴(https://sjnim.com)입니다. 사장님닷컴은 실시간 상품 순위를 확인하는 데 유용하며 가격, 리뷰, 평점 추적도 가능합니다. 모바일 애플리케이션으로도 제공해 언제 어디서든 편하게 확인할 수 있다는 것이 장점이며, 모든 기능을 무료로 사용할 수 있습니다.

▲ 네이버 쇼핑의 실시간 상품 순위를 확인하는 사장님닷컴

사장님닷컴은 인터페이스도 간단하고 활용 방법도 무척 쉽습니다. 왼쪽의 [순위조회] 메뉴를 클릭하면 [상품순위 조회] 페이지가 나타납니다.

▲ 사장님닷컴의 상품 순위 조회 페이지

[스토어명]과 [키워드]를 입력하면 다음과 같이 실시간 상품 순위를 확인할 수 있습니다. 여기서는 [스토어명]에 '엔게티', [키워드]에 '수제청'을 입력했습니다.

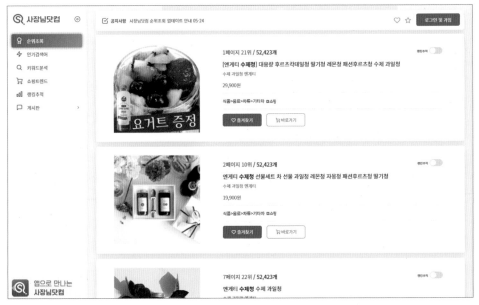

▲ 사장님닷컴의 상품 순위 조회 결과

몇 페이지, 몇 위에 상품이 노출되는지 확인할 수 있고 [바로가기]를 클릭하면 상품 판매 페이지로 바로 이동합니다. 카테고리를 클릭하면 네이버 쇼핑의 해당 카테고리에서 같은 키워드로 검색한 결과를 보여줍니다. 여기서는 [식품 > 음료 > 차류 > 기타차] 카테고리에서 '수제청' 키워드로 상품을 검색한 결과를 보여줍니다.

사장님닷컴에서는 가격, 리뷰, 평점도 추적할 수 있습니다. 왼쪽의 [랭킹추적] 메뉴를 클릭합니다. 참고로 이 기능은 로그인해야만 사용할 수 있는데, 구글 또는 카카오톡과 같은 소셜 계정으로 손쉽게 가입할 수 있습니다. 회원 가입을 완료했다면 로그인 후 오른쪽 상단의 [상품 추가하기]를 클릭합니다. [스마트스토어 URL]에 판매 상품 링크를 복사해 입력하고 [확인]을 클릭합니다. 목록에 상품이 추가됩니다.

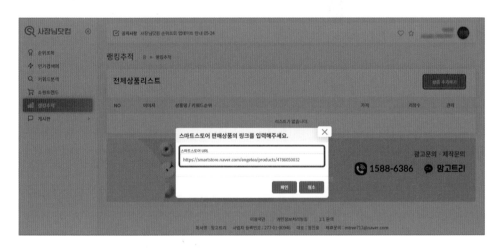

▲ 사장님닷컴의 상품 가격, 리뷰, 평점 추적 페이지

목록에 추가된 상품을 클릭하면 [가격추적] 또는 [리뷰추적]도 확인할 수 있습니다. [가격추적]은 가격 경쟁이 심한 상품을 판매할 때 경쟁사의 상품 가격 변동 내역을 참고하면 좋습니다. 이때 상품 가격이 변동된 적이 없다면 히스토리가 나타나지 않습니다. 여기서 주로 살펴볼 부분은 [리뷰추적]입니다. [리뷰추적]은 평점에 따른 리뷰수를 보여줍니다. 상품에 대한 고객의 만족도가 어떤지 히스토리를 살펴볼 수 있고, 상품 노출 순위가 낮다면 평점이 낮은 것은 아닌지 점검해볼 수 있습니다.

▲ 사장님닷컴에서 상품의 리뷰와 평점을 추적한 데이터

NOTE 대한민국 마케팅 최강자의 실전 노하우

📋 인기 검색어 확인과 키워드 분석이 가능한 사장님닷컴

상품 순위 확인이 주요 기능이지만, 실시간 인기 검색어 정보와 키워드 분석 기능도 제공합니다. 왼쪽의 [인기검색어] 메뉴를 클릭하면 네이버 쇼핑, 주요 오픈마켓과 소셜 커머스의 실시간 인기 검색어를 확인할 수 있습니다.

▲ 실시간 인기 검색어를 확인할 수 있는 사장님닷컴

[키워드분석] 메뉴를 클릭하고 원하는 키워드를 입력해 조회하면 검색수와 상품수는 물론 예상 매출액, 검색 및 클릭 트렌드, 성별 및 연령에 따른 클릭 비중, 쇼핑연관 키워드, 자동 완성 키워드, 광고 키워드, 인기 검색어, 연관 검색어, 관련 상품 목록, 예상 광고비까지 확인할 수 있습니다.

▲ 키워드 분석을 할 수 있는 사장님닷컴

상품 순위, 광고 입찰가, 키워드 검색수를 확인하는 스마트오너

두 번째는 스마트오너(http://www.smartowner.kr)입니다. 스마트오너는 마케팅 업체가 운영하는 서비스답게 스마트스토어 판매자의 니즈를 잘 파악하고 있습니다. 사장님닷컴보다 인터페이스가 훨씬 단순해 누구나 쉽게 사용할 수 있습니다. 스마트오너 역시 무료로 운영하고 있습니다.

스마트오너에 접속하면 바로 상품 순위를 조회할 수 있습니다. [상호명]과 [키워드]에 스마트스토어 상호명과 원하는 키워드를 입력합니다. 여기서는 [상호명]에 '엔게티', [키워드]에 '수제청 선물세트'를 입력했습니다.

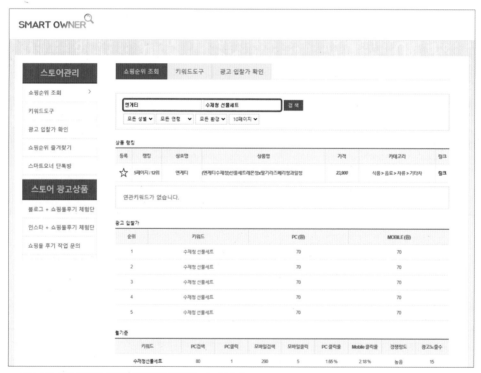

▲ 상품 순위, 광고 입찰가, 키워드 검색수를 확인하는 스마트오너

스마트오너는 조회 결과를 아주 간단하게 보여줍니다. 마찬가지로 몇 페이지, 몇 위에 상품이 노출되는지 확인할 수 있고, 가격과 카테고리도 확인할 수 있습니다. 클릭하면

상품 판매 페이지로 이동하는 것도 동일합니다. 또한 광고 입찰가와 검색수, 클릭수 등도 함께 보여주는데, 이는 광고 집행 예정인 판매자에게 도움이 되는 정보입니다.

NOTE 대한민국 마케팅 최강자의 실전 노하우

📋 키워드 분석과 광고 입찰가 확인이 가능한 스마트오너

스마트오너는 상품 순위뿐만 아니라 키워드 분석과 광고 입찰가 확인도 가능합니다. 상단의 [키워드도구] 또는 [광고 입찰가 확인] 탭을 클릭해 각각 확인할 수 있습니다. 이 역시 무료로 이용할 수 있습니다.

▲ 키워드 분석과 광고 입찰도 확인할 수 있는 스마트오너

실시간 랭킹 추적으로 키워드 전략을 세우는 아이템스카우트

세 번째는 PART 02에서 아이템 선택 전략을 알아보며 소개한 아이템스카우트(https://www.itemscout.io)입니다. 아이템스카우트는 아이템 발굴뿐만 아니라 실시간 상품 순위 확인에도 활용할 수 있습니다. 다만 일부 서비스는 유료이므로 필요하다면 월 단위로 결제해 이용해야 합니다. 14일 무료 체험도 있으니 맛보기로 이용해보고 결정해도 됩니다.

핵심 콕콕 TIP 　아이템스카우트로 판매할 아이템 선정하기

PART 02에서 아이템스카우트로 판매할 아이템 선정하는 방법을 소개했습니다. 아이템스카우트에 대해 더 자세히 알고 싶다면 086쪽을 참고하세요.

아이템스카우트에 접속해 왼쪽의 [랭킹 추적] 메뉴를 클릭합니다. [일간 랭킹 추적]이 기본으로 나타나고, 참고할 수 있는 예시 상품 목록이 나타납니다. 상품 목록을 살펴보면 상품명 아래 키워드 순위 변동 요약이 나타납니다.

▲ 실시간 랭킹 추적으로 키워드 전략을 세우는 아이템스카우트

예시 상품 하나를 클릭해보겠습니다. 다음과 같이 원하는 키워드를 추가해두면 일별로 상품 노출 순위를 추적할 수 있습니다. 아래로 스크롤바를 내리면 사장님닷컴과 마찬가지로 판매가와 리뷰, 평점 등을 추적하고 확인할 수 있습니다.

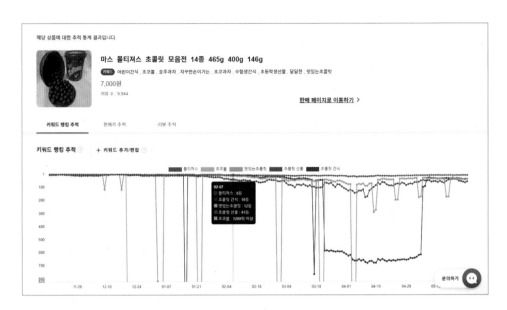

▲ 키워드별 상품 노출 순위를 추적하는 아이템스카우트

참고로 키워드를 추가해 일별 상품 노출 순위를 확인하는 기능은 유료입니다. 월 12,700원을 결제하면 [초보셀러] 등급이 되어 이 기능을 사용할 수 있습니다. 앞서 이야기했듯이 [초보셀러] 등급은 14일 무료 체험이 가능하니 맛보기로 이용해보는 것도 좋습니다.

예시 상품처럼 상품을 목록에 추가해두려면 다시 [일간 랭킹 추적] 탭으로 돌아가 오른쪽 상단의 [상품 추가하기]를 클릭합니다. 판매 상품 링크를 복사해 다음과 같이 입력하고 [확인]을 클릭합니다. "상품 추적이 등록되었습니다"라는 문구와 함께 목록에 상품이 추가됩니다.

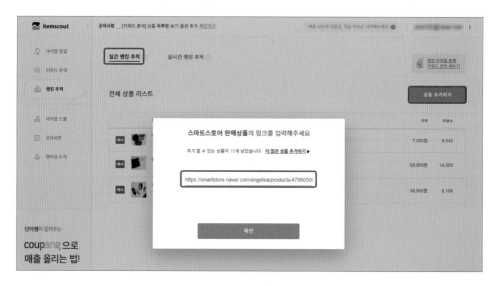

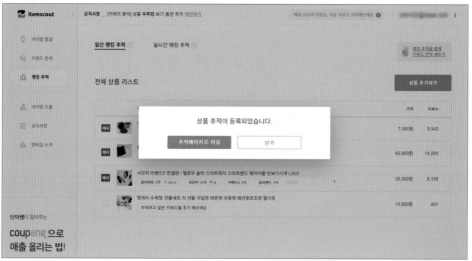

▲ 상품 노출 순위를 추적할 상품 등록 방법

상단의 [실시간 랭킹 추적] 탭을 클릭하면 실시간 상품 순위를 조회할 수 있습니다. 원하는 [상호명]과 [키워드]를 입력해 상품 순위를 확인합니다. 앞서 소개한 사장님닷컴, 스마트오너와 마찬가지로 몇 페이지, 몇 위에 상품이 노출되는지 확인할 수 있고, 클릭하면 상품 판매 페이지로 이동합니다. [실시간 랭킹 추적]은 [일간 랭킹 추적]과 달리 무료로 이용할 수 있는 서비스입니다.

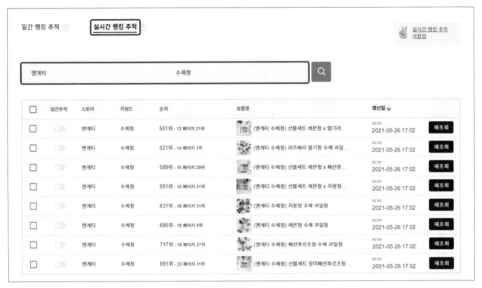

▲ 실시간 상품 노출 순위 확인

사장님닷컴, 스마트오너, 아이템스카우트 중 자신에게 좀 더 적합하고 편리한 서비스를 선택해 사용하면 됩니다. 또는 여러 서비스를 함께 사용해도 좋습니다. 어떤 서비스를 이용하든 중요한 것은 상품 노출 순위를 반드시 지속적으로 확인해야 한다는 점입니다. 상품 노출 순위를 점검하고 온라인 마케팅 전략도 다시 한번 점검해보세요.

고객의 활동을 알 수 있는 비즈 어드바이저

고객이 어떤 경로로 쇼핑몰을 방문했고, 어떤 상품을 클릭했으며, 어떤 상품 판매 페이지에 오래 머물렀는지 등 고객의 다양한 활동을 추적할 방법이 있습니다. PART 01에서 잠시 소개한 비즈 어드바이저(Biz Advisor)를 활용하는 것입니다. 비즈 어드바이저를 활용하면 고객이 어떤 상품에 관심을 보이고 얼마나 머물렀는지를 아주 쉽게 파악할 수 있습니다. 네이버에 로그인하면 로그인한 사용자의 모든 동작이 전부 기록되기 때문입니다. 이러한 데이터를 통해 고객의 활동을 정확히 파악할 수 있다면 상품 홍보 및 마케팅 전략을 세울 수 있고 스마트스토어 운영에도 아주 큰 도움이 됩니다. 비즈 어드바이저는 무료로 이용할 수 있으니 스마트스토어 판매자라면 적극적으로 활용하길 권합니다.

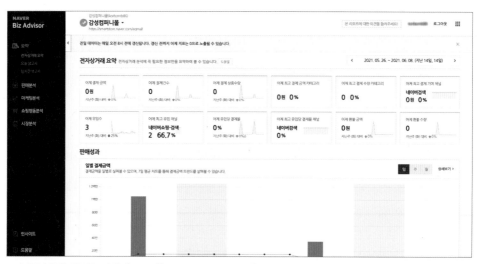

▲ 스마트스토어 비즈 어드바이저(https://bizadvisor.naver.com)

비즈 어드바이저는 현재 스마트스토어에만 한정해 데이터 분석 자료를 제공하고 있습니다. 스마트스토어의 유입과 체류, 커머스 데이터를 다각도로 분석해서 보여주며, 판매나 마케팅 관련 분석은 물론 고객의 검색 동향이나 쇼핑 행동도 분석해 보여줍니다. 이러한 데이터를 통해 고객을 이해할 수 있고, 홍보 및 마케팅 전략이 얼마나 유효했는지 확인할 수 있습니다. 이에 따른 대응 전략을 세우기가 훨씬 수월해지는 것이지요.

마케팅 채널별 기여도에 따라 전략 세우기

비즈 어드바이저는 네 가지 주요 메뉴로 구성되어 있는데, 가장 주의 깊게 살펴볼 메뉴는 [마케팅분석]입니다. [마케팅분석] 메뉴에서는 마케팅 채널별 유입수, 상품 판매 금액, 유입 대비 결제율, 마케팅 비용 대비 효율 등을 살펴볼 수 있기 때문입니다. 여기서 마케팅 채널은 네이버 쇼핑뿐만 아니라 인스타그램, 페이스북 등의 SNS, 동영상 플랫폼, 각종 검색 엔진, 웹사이트 등 스마트스토어에 유입될 수 있는 모든 채널을 의미합니다. 즉, 온라인 마케팅에 특화된 보고 데이터로 유입 경로에 따른 생산성 결과를 보여주는 것입니다.

핵심 콕콕 TIP | **비즈 어드바이저의 마케팅 채널 확인하기**

비즈 어드바이저는 네이버 쇼핑, 네이버 톡톡, 각종 SNS, 동영상 플랫폼, 검색 엔진, 웹사이트 등 거의 모든 마케팅 채널을 분류해 데이터를 제공합니다. 마케팅 채널 분류에 대한 자세한 내용은 네이버 고객센터의 마케팅 채널 분류(https://help.naver.com/support/contents/contents.help?serviceNo=19434&categoryNo=19514)에서 확인하세요.

이러한 데이터를 살펴보는 이유는 앞서 소개한 다양한 온라인 마케팅 전략이 제대로 이행되고 있는지 확인하고 추가 대응 전략을 세우기 위함입니다. 이제 SNS가 강력한 마케팅 도구라는 것을 모르는 사람은 없습니다. 장담하건대 초보 판매자에게 SNS만큼 강력

하고 효율적인 마케팅 채널은 없습니다. 그러나 상황에 맞게 활용하지 않으면 SNS 마케팅은 시간 낭비에 불과합니다. 의미 없는 온라인 마케팅은 단 한 사람의 고객도 유입시킬 수 없고, 당연히 상품 판매로도 이어지지 않습니다. 정확한 데이터를 통해 최적의 마케팅 채널을 선정하는 것이 중요합니다. 상품 노출 채널을 다양화하는 것은 좋지만, 현실적으로 모든 마케팅 채널에 동일하게 많은 시간을 쏟을 수 없으니 선택과 집중을 해야 합니다.

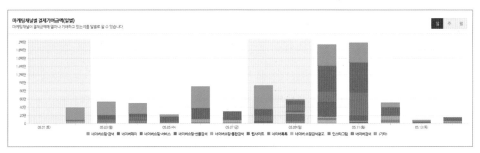

▲ 비즈 어드바이저의 [마케팅채널별 결제기여금액(일별)]

비즈 어드바이저에서 [마케팅분석]의 [전체채널] 메뉴를 클릭하면 [마케팅채널별 유입수(일별)]와 [마케팅채널별 결제기여금액(일별)]을 확인할 수 있습니다. 이 데이터는 너무나 명확합니다. 어떤 채널에서 고객이 많이 유입되는지, 어떤 채널에서 유입된 고객이 실제로 상품을 구매하는지 채널별 판매 금액까지 알 수 있습니다.

이를테면 인스타그램과 페이스북에 같은 시간을 투자하고 있는데 인스타그램을 통해서 유입된 고객만 상품을 구매한다면, 페이스북 마케팅도 계속 진행할 것인지 다시 고려해봐야 합니다. 유입 자체가 되지 않는 경우, 유입수는 높은데 상품 판매로는 이어지지 않는 경우, 유입수는 낮은데 대부분 상품 판매로 이어지는 경우 등 다양한 상황이 나타날 수 있습니다. 시간을 낭비하지 않으려면 반드시 이러한 상황에 대한 원인을 면밀히 분석하고, 어떤 마케팅 채널에 집중해 전략을 세울지 수시로 점검해야 합니다.

동일한 페이지의 바로 아래 이 데이터를 기반으로 한 [마케팅채널별 유입수 및 유입당 결제율(기여도추정)]도 확인할 수 있습니다. 마찬가지로 어떤 채널에서 고객이 많이 유입되는지, 유입된 고객 중 실제로 상품을 구매한 고객은 얼마나 되는지 유입당 결제율까지 알려줍니다. 유입당 결제율은 구매 전환율이라고 볼 수 있습니다. 메인 타깃이 정확하지 않은 온라인 마케팅이라면 유입수는 어느 정도 발생할지 몰라도 유입당 결제율, 즉 구매 전환율은 떨어질 수밖에 없습니다. 이런 점을 고려해 전략을 점검하고 필요에 따라 변경할 수 있어야 합니다.

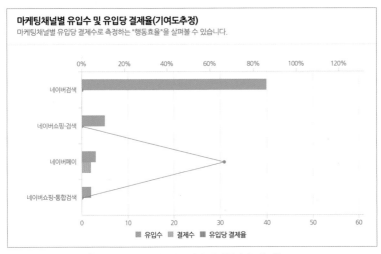

▲ 비즈 어드바이저의 [마케팅채널별 유입수 및 유입당 결제율(기여도추정)]

마지막으로 광고비 대비 효율성을 검증할 수 있는 ROAS(Return On Ad Spend, 광고비 대비 매출) 분석도 꼼꼼하게 살펴봐야 합니다. 스마트스토어를 운영하다 보면 마냥 시간을 투자해 마케팅 활동을 펼치기가 쉽지 않다는 것을 깨닫게 됩니다. 결국 광고의 필요성을 느끼는 순간이 오는데, 중요한 것은 비용 효율입니다. 어느 정도 비용을 투자하더라도 광고 효과가 좋아 더 높은 매출을 끌어낼 수 있다면 SNS 마케팅 못지않은 성과를 얻을 수 있습니다. 현명하게 활용하면 광고도 훌륭한 마케팅 수단이 됩니다. ROAS 수치는 높을수록 좋습니다. 투자한 광고비 대비 광고 효과가 매우 좋았다는 것을 의미하기 때문입니다. 잘 비교해보고 광고비를 얼마나 지출할지 계획을 세우는 것이 좋습니다.

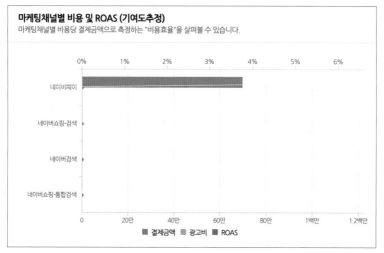

마케팅채널별 비용 및 ROAS (기여도추정)
마케팅채널별 비용당 결제금액으로 측정하는 "비용효율"을 살펴볼 수 있습니다.

▲ 비즈 어드바이저의 [마케팅채널별 비용 및 ROAS(기여도추정)]

마지막으로 비즈 어드바이저에서 [마케팅분석]의 [검색채널] 메뉴를 클릭하면 [키워드별 유입수 및 유입당 결제율(기여도추정)]과 [키워드별 결제금액(기여도추정)]을 확인할 수 있습니다. 이 데이터는 키워드 전략을 점검해보는 데 유용한 데이터로, 어떤 키워드로 고객이 많이 유입되는지 확인할 수 있습니다.

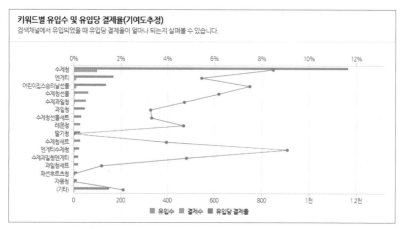

키워드별 유입수 및 유입당 결제율(기여도추정)
검색채널에서 유입되었을 때 유입당 결제율이 얼마나 되는지 살펴볼 수 있습니다.

▲ 비즈 어드바이저의 [키워드별 유입수 및 유입당 결제율(기여도추정)]

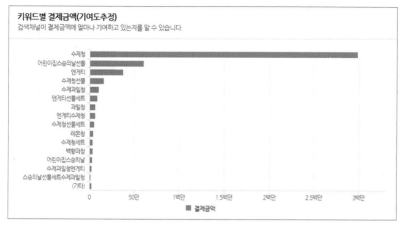

▲ 비즈 어드바이저의 [키워드별 결제금액(기여도추정)]

💡 핵심 콕콕 **TIP**　　ROAS 지표에 반영되는 광고비 항목

ROAS 지표에 반영되는 광고비는 네이버 검색광고 상품 중 사이트검색광고, 쇼핑검색광고, 클릭초이스상품광고, 클릭초이스플러스뿐입니다. 이 네 가지 이외의 네이버 검색광고 상품에 대한 광고비는 반영되지 않습니다. 자세한 내용은 네이버 검색광고 상품 안내(https://saedu.naver.com/adbiz/searchad/intro.nhn)에서 확인하세요.

스마트스토어는 결국 고객을 모아 상품을 구매하게 하는 것이 목표입니다. 똑같이 온라인 마케팅을 진행하더라도, 똑같이 광고를 집행하더라도 효율이 높은 활동에 주력하는 것이 성공의 지름길입니다. 지금까지 소개한 비즈 어드바이저는 효율이 높은 활동이 무엇인지 알려주는 마케팅 솔루션입니다. 고객의 구매 패턴 데이터에서 다른 고객의 행동을 예측할 수 있습니다. 잘 활용해 가장 효과적인 마케팅 채널을 찾고 점검하며 최적의 온라인 마케팅 전략을 세워보세요. 온라인 마케팅은 마케팅 결과까지 확인하고 분석해 다음 전략을 세우는 것까지가 하나의 과정입니다. 이러한 일련의 과정을 반복하면서 초보 판매자에서 탈출할 수 있길 바랍니다.

한눈에 보는
요약정리

✳ 스마트스토어 마케팅에 유용한 다양한 서비스

① **아이템스카우트**(https://www.item scout.io) | 아이템스카우트는 아이템 발굴, 키워드 분석, 상품 순위 추적에 유용한 서비스입니다. 무료로 사용할 수 있으나 일부 서비스는 유료이므로 월 단위로 결제해 이용해야 합니다. 14일 무료 체험도 있으니 맛보기로 이용해보고 결정해도 됩니다.

② **셀러마스터**(https://whereispost. com/seller) | 셀러마스터는 키워드의 PC/모바일 검색량, 총조회수, 상품수, 비율을 확인할 수 있습니다. 비율은 상품수 대비 월간 조회수로, 수치가 낮을수록 수요가 많은 상품을 의미합니다. 데이터를 엑셀 파일로도 다운로드할 수 있습니다.

③ **사장님닷컴**(https://sjnim.com) | 사장님닷컴은 상품 순위를 확인하는 데 유용하며 가격, 리뷰, 평점 추적도 가능합니다. 실시간 인기 검색어 및 쇼핑 트렌드 정보도 확인할 수 있고 키워드 분석 기능도 제공합니다. 모바일 애플리케이션으로도 제공해 언제 어디서든 편하게 확인할 수 있습니다.

④ 스마트오너(http://www.smartowner.
kr) | 스마트오너는 상품 순위 조회, 키워드
분석에 유용합니다. 광고 입찰가도 확인할
수 있어 광고 집행 예정인 판매자에게 도움
이 됩니다. 인터페이스가 단순하며 조회 결
과를 간단하게 확인할 수 있습니다.

⑤ 네이버 데이터랩(https://datalab.
naver.com) | 네이버 데이터랩은 네이버
쇼핑의 실시간 트렌드를 파악하는 데 용이
합니다. 분야별 인기 검색어를 확인할 수
있고, 검색어 트렌드도 확인할 수 있습니다.
지역, 성별, 연령, 기기별 통계도 확인할 수
있습니다.

⑥ 네이버 검색광고의 키워드 도구(https:
//searchad.naver.com) | 네이버 검색
광고의 키워드 도구는 네이버의 키워드 추
이를 파악하는 데 유용합니다. 다만 쇼핑
키워드에만 한정된 것이 아니라 상품수를
확인할 수 있는 다른 서비스와 함께 이용하
는 것이 좋습니다.

⑦ 네이버 비즈 어드바이저(https://biz
advisor.naver.com) | 네이버 비즈 어드
바이저는 판매 분석뿐만 아니라 고객의 검
색 동향이나 쇼핑 행동도 분석해 보여줍니
다. 또한 시장 분석을 통해 벤치마킹도 할
수 있게 해줍니다. 매일 분석 자료를 확인하
며 상품이 잘 판매되고 있는지 점검하고 운
영 전략을 다시 세워봅니다.

하루 종일 스마트폰을 손에서 놓지 않는
5천만 한국인을 나의 단골손님으로!

전 국민이 온종일 스마트폰을 손에 쥐고 삽니다. 스마트폰으로 영상을 보고, 책을 읽고, 쇼핑을 하고, 친구들과 대화도 합니다. 어느새 스마트폰은 TV나 신문, 라디오 등의 전통 매체를 넘어 가장 강력한 광고 매체가 되고 있습니다. 대기업이든 소상공인이든 개인이든 SNS 마케팅은 필수가 되었습니다. 저는 2014년부터 이 흐름을 눈여겨보며 SNS에 집중했습니다. 더욱 빠르게 변화하는 트렌드를 앞서려고 부단히 노력했습니다. 그 결과 SNS 마케팅 관련 책을 열 권 출간할 수 있었습니다.

이제 제가 손대지 못했던 또 하나의 분야에 흔적을 남깁니다. 평소 관심은 많았지만 미처 정리하지 못했던 스마트스토어 이야기, 이와 관련된 나의 SNS 마케팅 노하우를 책에 담고자 했습니다. 세상에는 참 많은 스마트스토어 관련 책이 있습니다. 좋은 정보는 많지만 바로 써먹을 수 있는 이야기보다 어렵게 설명한 절차와 방법에 대한 이야기가 더 많았고, 변경된 정책이 업데이트되어 있지 않았습니다. 사실 스마트스토어의 개설 절차나 사용 방법은 이미 네이버에서 쉽게 정리해놓았습니다. 그걸 설명하는 데 너무 긴 시간을 들일 필요가 없는 것이지요. 저는 실전에 즉시 써먹을 수 있는 이야기들, 누가 봐도 간단히 이해되는 이야기들로 이 책을 구성했습니다. 이 책을 통해 할 수 있다는 자신감과 따라만 해도 되겠다는 믿음을 주고 싶었기 때문입니다.

코로나19로 인해 비대면이 일상이 되면서 오프라인 매장의 매출이 급전직하했습니다. 다들 먹고 살기 힘들다고 아우성칩니다. 그러나 음지가 있으면 양지가 있듯, 비대면 덕에 온라인 시장은 급격하게 성장하고 있습니다. 어둠이 걷히기를 기다리는 여러분이라면 스마트스토어에서 새롭게 시작하라고 권하고 싶습니다. 일단 여건이 좋습니다. 스마트스토어는 네이버가 실패를 딛고 진화를 거듭하며 탄생시킨 아주 훌륭한 온라인 쇼핑 플랫폼입니다. 판매할 상품만 있으면 누구라도 스토어를 개설할 수 있습니다. 그동안 네이버 블로그를 운영해온 사람이라면 더 편하게 스마트스토어를 활용할 수 있습니다. 스마트스토어의 모든 알고리즘은 네이버 블로그와 형제지간이기 때문입니다.

그러나 누구나 할 수 있다는 건 자신만의 독특한 전략이나 전술, 그리고 꾸준함이 없으면 성공할 수 없다는 의미이기도 합니다. 네이버가 벌여놓은 판 위에서 신나게 놀 수 있는 기본자세를 갖추어야 합니다. 어떤 사람이 스마트스토어에서 실패하고, 어떤 사람이 성공하는지 기본적인 분석은 할 줄 알아야 합니다. 남이 가르쳐주는 것만 받아먹어서는 자기 것을 만들 수 없습니다. 시도했다가 실패하는 것은 남이 경험할 수 없는 노하우를 얻는 것이지만, 시도하지 않고 실패하지도 않았다면 이보다 큰 실패는 없습니다. 판매의 본질은 비슷합니다. 지금은 스마트스토어이지만 그다음에는 어떤 온라인 쇼핑 플랫폼이 등장할지 모릅니다. 그래서 마케팅을 이해해야 합니다. 이 책을 골라 여기까지 읽은 열정 있는 분이라면 지금까지 배운 내용을 내 것으로 만들 수 있는 분이라 믿습니다.

제가 강의할 때 자주 하는 이야기인데, 아인슈타인이 '어제와 똑같이 살면서 다른 내일을 기대하는 것은 정신병 초기 증세이다'라는 말을 했습니다. 변화를 미루면 시기를 놓쳐 머리도 굳고 몸도 굳어 스스로 틀을 깨기가 쉽지 않습니다. 기회가 찾아왔을 때 바로 움직여야 합니다. 그래야 누구나 할 수 있는 스마트스토어 시스템에서 한 걸음이라도 앞서갈 수 있습니다.

여기저기 먼 길을 돌아 이곳 정진수의 스마트스토어 베이스캠프에 오신 여러분에게 몇 가지 가슴 뜨거운 조언을 드리고자 합니다. 제가 요즘 좋아하는 신조어 중 '졸꾸'라는 말이 있습니다. '졸라 꾸준히'의 준말입니다. SNS 마케팅이든 스마트스토어든 꾸준해야 합니다. 간절함과 꾸준함이 있으면 무슨 일을 해도 기본은 할 수 있을 것이라 장담합니다.

늘 걸작보다는 습작이 중요하다고 강조합니다. 생소한 세계라면 자꾸 시도해봐야 합니다. 처음부터 잘하려고 하지 말고 일단 시작하는 게 중요합니다. 스마트스토어도 마찬가지입니다. 일단 시작해 넘어지고 깨지더라도 상품을 팔아보세요. 고객에게 욕을 듣는 일도, 반품되는 상황도 직접 경험해봐야 합니다. 아무런 실패 없이 프로 셀러가 될 수는 없습니다. 실패는 머릿속 깊숙이 뇌리에 박혀 똑같은 실수를 반복하지 않게 만들어줍니다. 실패하면서 완벽에 가까워질 겁니다.

저는 여러분보다 조금 먼저 시작했을 뿐입니다. 아직도 모르는 것이 너무 많아서 앞으로도 계속 테스트해보고 검증하며 수많은 실패를 통해 더욱 단단해지려고 합니다. 그리고 그 실패와 경험, 노하우를 여러분께 다시 한번 공유할 수 있도록 하겠습니다. 어렵고 막막한 스마트스토어라는 세계에서 한 줄기 빛이 되기를 바라는 마음으로 집필했는데, 막상 책이 출간된다고 생각하니 아쉬움도 있고 후련하기도 합니다. 제가 부족했던 부분이 있거나 나중에라도 변경된 것이 있다면 언제든지 제 메일이나 인스타그램으로 알려주세요. 겸허히 배우고 많은 분에게 다시 전파할 수 있도록 하겠습니다.

제가 좋아하는 공자의 말로 이만 글을 줄이려고 합니다. 공자는 '들은 것은 잊어버리고, 본 것은 기억하고, 직접 해본 것은 이해한다'고 했습니다. 마음 모아 여러분의 건투를 빕니다. 감사합니다.

✐ 2021년 6월
대한민국 SNS 마케팅 국가대표, 정진수

✓ 찾아보기